高等院校艺术学门类"十四五"规划教材

U0745557

Interactive

互动游戏设计

Game Design

主 编◎陆 艳

副主编◎王晨海 彭婵娟 邓诗元

参 编◎李 月 李可文 腾讯游戏学堂

华中科技大学出版社
http://press.hust.edu.cn
中国·武汉

内 容 简 介

《互动游戏设计》一书的核心特色在于，它能全面而深入地指导读者通过一系列设计实践，包括游戏创意孵化、剧情框架构建、角色形象塑造、关卡巧妙布局等，亲手打造并测试游戏原型，而无须深入掌握编程知识。本书倡导采用迭代游戏设计法，并配合专业工具，以优化和完善游戏内容。无论学生的职业志向是成为游戏设计师、项目管理专家、编程高手，还是视觉艺术大师，本书所传授的技能都将为其职业生涯奠定坚实的基础。

本教材立足中国游戏教育现状，以"理论与实践并重，技术与文化融合"为核心理念，系统构建了符合我国教学实际的课程体系。编写团队深入调研国内外游戏教育的课程范式，在吸收交互叙事、玩法机制、用户体验等国际通用知识框架的基础上，着重强化中国传统文化元素的现代表达。教材内容设计突破了传统技术手册的局限，独创了"理实一体化的三创新一内核"线上线下混合式教学模式。基础维度夯实程序开发与美术设计技能，进阶维度培养系统思维与创新意识，高阶维度锻造文化理解与价值引领能力。这种分层递进的知识架构，既保证了教学体系的科学性，也为个性化培养预留了弹性空间。

本教材主要面向数字媒体艺术、游戏设计等专业的核心课程，同时适用于动画、影视制作等相关领域的教学需求。为适应现代教育技术的发展，本书配套建设了超星线上教学资源库，包含30个微课视频、章节重难点讲解及对应的习题库，还为学生提供了课内课外拓展性学习的文献资料清单，构建起"线上线下融合、课内课外贯通"的混合式教学生态。

图书在版编目(CIP)数据

互动游戏设计 / 陆艳主编 . -- 武汉：华中科技大学出版社，2025.9. -- ISBN 978-7-5772-2160-1

Ⅰ. TP311.5

中国国家版本馆 CIP 数据核字第 2025J810N1 号

互动游戏设计
Hudong Youxi Sheji

陆 艳 主编

策划编辑：彭中军

责任编辑：狄宝珠

封面设计：廖亚萍

责任监印：朱 玢

出版发行：华中科技大学出版社(中国·武汉)　　　　电话：(027)81321913
　　　　　武汉市东湖新技术开发区华工科技园　　　　邮编：430223

录　　排：孙雅丽

印　　刷：武汉市洪林印务有限公司

开　　本：889mm×1194mm 1/16

印　　张：11

字　　数：259千字

版　　次：2025年9月第1版第1次印刷

定　　价：69.00元

在数字化浪潮席卷全球的今天，游戏已不再仅仅是娱乐工具，而是逐渐演变成一种融合艺术、技术、文化和社会价值的综合性媒介。从独立游戏到3A大作，从移动端休闲游戏到虚拟现实（VR）和增强现实（AR）带来的沉浸式体验，游戏设计的边界不断拓展，其影响力也早已超越传统娱乐领域，渗透到教育、医疗、文化传播等多个社会层面。作为"第九艺术"，游戏凭借其独特的交互性和叙事能力，成为当代文化表达的重要载体。然而，随着技术飞速发展和玩家需求日益多样化，游戏设计也面临着前所未有的机遇与挑战。

近年来，游戏产业的蓬勃发展为我们展现了无限可能。人工智能（AI）、云计算、区块链等新兴技术的应用，正在重塑游戏开发的流程与体验。AI不仅能优化游戏中的角色行为和场景生成，还为个性化游戏体验提供技术支持；云游戏平台的兴起，打破了硬件设备的限制，让更多玩家能够随时随地享受高质量的游戏内容；区块链技术则为游戏内资产确权和交易提供了新的解决方案。与此同时，游戏作为一种文化媒介，正在全球范围内发挥越来越重要的作用。例如，《原神》通过开放世界设计和多元文化元素的融合，成功吸引了全球玩家的关注；《黑神话：悟空》则以东方神话为内核，展现了传统文化在现代游戏中的强大生命力。

然而，游戏设计的未来不仅依赖于技术进步，更在于如何将技术与文化深度融合，创造出既有艺术价值又能引发情感共鸣的作品。这就要求游戏设计师不仅具备扎实的技术功底，还需要拥有广阔的文化视野和深刻的人文关怀。

尽管游戏产业前景广阔，但游戏教育领域却面临诸多挑战。首先，游戏设计是一门综合性学科，涉及编程、美术、叙事、心理学、社会学等多个领域，这对师资力量提出了极高要求。目前，许多高校的游戏设计课程仍停留在理论传授阶段，缺乏与产业实践的紧密结合，导致学生毕业后难以快速适应行业需求。其次，高质量本土化教材稀缺，许多课程仍依赖国外教学资源，难以满足中国游戏产业发展的特殊需求。此外，传统教学方法往往过于单一，缺乏对学生创造力和实践能力的有效培养。在这样的背景下，编写一本既符合中国国情又能与国际接轨的游戏设计教材显得尤为重要。

本书以"理论与实践并重，技术与文化融合"为核心理念，旨在培养具有全球视野和创新能力的游戏设计人才。全书涵盖游戏机制、交互叙事、用户体验、技术实现等多个维度。通过精选案例分析和实践项目，学生不仅能掌握游戏设计的基本原理，还能深入了解行业前沿动态和发展趋势。

特别值得一提的是，本书注重将中国传统文化元素融入游戏设计教学。例如，通过分析《千里江山图》等成功案例，引导学生探索传统文化在游戏中的现代表达方式。同时，本书还设置了"游戏伦理与社会责任"专题，帮助学生树立正确的价值观，理解游戏设计在文化传播和社会影响中的重要作用。

　　本书的编写凝聚了众多专家学者和行业从业者的智慧与心血。编写过程中参考了大量国内外相关资料、图书和论文，参考文献中已注明，如有遗漏，敬请谅解。书中如有不足或不妥之处，还望同行批评指正。感谢湖北工业大学、武汉工程大学提供的教学实践支持，感谢腾讯游戏学堂为案例研究提供的宝贵资料，也感谢每一位为本书提出建议的同仁。我们深知，游戏设计教育任重道远，本书只是一个起点。未来，我们将继续关注行业动态，不断更新教学内容，为中国游戏教育的蓬勃发展贡献力量。

编　者

目录
Contents

Hudong Youxi Sheji

第一章

认识游戏

教学目标： 掌握互动游戏的定义并明确其范围界定，了解游戏的发展历程。

教学要求： 通过学习游戏的发展阶段演变和特征，理解游戏产业的功能与定位。

本章重点： 游戏的概念及发展趋势。

本章难点： 梳理游戏发展时间表。

学习任何媒介的第一步是了解其基本要素。在本章中，我们将游戏拆解开来，看看它们是如何运作的。当我们谈论玩游戏时，我们常常会将其与电影、书籍和音乐等大众媒体形式进行类比。自米罗华·奥德赛（Odyssey）、乓（Pong）和雅达利 VCS（Atari VCS）在 20 世纪 70 年代兴起以来，游戏常常被简单地视为另一种娱乐媒体。同时，电子游戏在许多方面与我们学习、购买和体验电影、音乐，甚至书籍的方式非常相似。

第一节　游戏、设计与玩

虽然游戏像其他媒体产品一样进行包装、营销和销售，但这并不意味着它们是以相同的方式构思、设计和生产的。让我们暂且忽略营销和分销环节，仅仅关注电子游戏实际体验的核心——玩。那么，玩是什么意思呢？玩视频游戏，是像"玩赏"电影一样吗？当你看电影时，看到的是一系列预录的图像和声音。当你多次观看时，你可以用不同的方式解读同一部电影，或者可能会注意到不同的镜头、角色、场景或剧情元素，但电影本身不会改变。然而，当我们玩游戏时，我们不只是看、读和听。玩游戏时，玩家必须与游戏本身互动，从而参与其中。

一、"玩"的设计基本要素

游戏的本质存在于规则和机制之中，这使得游戏成为一种可互动的体验，而不仅仅是一堆静态元素的组合。让我们看看一款简单的纸牌游戏——扑克（见图1-1）。它本质上只是一副标准的扑克牌，包含各种花色和数字的纸牌。但是，一旦玩家们坐下来，遵循特定规则，比如德州扑克的规则，游戏的本质就开始显现。规则会指定哪些牌具有何种价值，如何进行下注，以及如何确定谁是胜利者。在这个简单的游戏中，玩家可以运用策略、心理学以及决策能力。这些规则和玩家的参与，使得扑克成为一种具有挑战性和竞争性的游戏，带来了紧张刺激的游戏体验。

以游戏"跳房子"（见图1-2）为例，它原本只是一些线和石头或标记的静态存在。但添加一组规则和几个玩家后，它就变成了一个带有机制的游戏，游戏的本质就开始显现出来。规则解释了这些线和石头的作用，概述了玩家如何跳跃和抛出石头，最终形成了一个让玩家在被线限制的小世界中尝试跳跃的游戏。这个游戏激发了玩家的活力和竞争心，让他们在互动中获得乐趣和满足感。因此，玩家的参与和遵循规则赋予了游戏实质，使其从一个静态的存在变成一个令人兴奋且具有挑战性的体验。游戏的真正本质存在于玩家的动态参与中，这让游戏成为一种令人陶醉的娱乐形式。

图1-1　纸牌游戏

图1-2　"跳房子"游戏

二、游戏的工作原理

游戏本身就是一个在互动过程中产生"玩"的体验的存在。将游戏中的不同元素汇聚在一起，可以创造出不同的动态。把游戏视为一种机制，这是一种运用游戏设计的系统动力学方法。这句话有些晦涩难懂，举个简单的例子：一辆汽车。汽车作为一个系统，有很多部分（方向盘、转向信号灯、加速踏板）和动态（转向、发出信号、加速），只有这些部分和动态进行互动，汽车才能正常工作。这些元素之间的关系——它们的动力、输入以及它们所产生的不同输出——汇集在一起，创造出一种体验——驾驶。

汽车可以以多种方式被操作。驾驶者可以具有不同的类型，例如赛车手、新手司机、出租车司机，他们会带来不同的操作输入。其他输入则来自环境条件、道路质量或其他汽车和行人。根据这些输入，汽车可能会以不同的方式运行，并产生不同类型的输出，比如在快速而狂野的赛道上飞驰、尴尬地进行平行泊车、在高峰时段遭遇堵车，而这只是一类系统的情况。这个世界上有很多系统，从汽车到电脑再到咖啡机，每个系统都有自己的目的、风格和产出。

第二节　从六大基本要素谈无限制的游戏体验

要开始了解游戏作为产生"玩"体验而设计的系统，我们需要识别游戏的基本要素。尽管游戏之间存在诸多不同，但我们仍可以确定游戏的六个基本要素：动作、目标、规则、对象、游戏空间和玩家。与其探索游戏领域中不可见的部分，不如看看大部分要素可见的游戏：足球。

一、动作

动作是玩家在玩游戏时要进行的活动。将游戏拆解成要素后，行动是其中最明显的设计要素之一。行动是玩家在游戏中要开展的实际操作和活动。足球的主要动作是踢球和在球场上跑动。这两个核心行动以有趣的方式相结合：球队试图把球踢进另一个球队的球门。围绕它们还会出现其他动作，例如运球或传球。

二、规则

规则在游戏中起着至关重要的作用，它们是玩家知晓可以执行什么动作以及存在哪些限制的关键。规则为游戏设定了框架和边界，定义了游戏的玩法和目标，让玩家清楚可以做什么和不可以做什么。规则是游戏的不可见结构，它们为玩家提供了一个清晰的游戏框架，并为玩家的创造力、选择和表达提供了空间。规则的存在使得游戏具有挑战性、令人激动，并为玩家创造出丰富多样的游戏体验。

三、目标

游戏的目标定义了玩家在游戏中游玩时想要达成的目的。目标是游戏的驱动力，它激发玩家的动力和决策，让玩家在游戏中有明确的方向和愿景。在足球这个例子中，游戏的目标是将球踢进对方球门，得分比对方高。这个目标赋予了踢球和跑动等行动以意义，因为它们是实现胜利的手段。如果没有明确的目标，足球可能只是一种随意的活动，玩家可能只是无目的地来回踢球，缺乏动力和激情。在游戏规则之外，足球只是一个玩具。但在游戏中，球和其他物品就具有了特殊意义。这就是将游戏与玩具区分开来的地方。有时这种意义是赢得比赛，例如正规足球比赛；但有时只是在后院玩足球游戏来陪伴朋友和家人。这种自主设定的目标也是游戏的魅力之一，它赋予了玩家更多的自由度。

四、对象

对象是玩家在游戏中进行交互的实体或元素，对象赋予了游戏的行动和规则以实际意义和目标性。在《大富翁》这款桌游（见图1-3）中，货币是玩家交互的对象，玩家努力获得更多的货币以增加自己的财富。在电子游戏中，角色的血量可以作为对象，玩家需要保持自己的角色存活，并同时减少对手的生命值。

对象不仅赋予游戏实际意义，还为玩家提供了目标和动力。通过与对象交互，玩家体验到游戏中的成就感和满足感，让游戏变得更加有趣和有意义。

图1-3 《大富翁》桌上游戏

五、游戏空间

为了使这些对象被使用，并帮助它们建立彼此之间物理和概念上的关系，需要一个游戏空间。游戏空间为玩家提供了游戏的舞台和场景，让游戏有了明确的界限。它不仅限定了玩家的活动范围，还规定了游戏中对象之间的关系。对象和游戏空间是游戏主要的、物理的、有形的要素。对象由游戏规则定义，它们是游戏得以开展的必要因素。而游戏空间则是这些对象进行交互、实现目标的地方，它为游戏提供了可视化和可操作的环境。

六、玩家

没有玩家的参与，游戏就无法进行，所有的元素，如球员、球、网、规则和游戏空间，都只是静态存在，缺乏活力和动态性。玩家通过追求游戏目标，运用游戏空间内的动作和对象，让游戏变得有趣且富有挑战性。他们是游戏的执行者和参与者，是游戏真正运转的动力。玩家在游戏中扮演积极的角色，通过遵循游戏规则和限制与其他玩家竞争或合作。他们的决策和行动直接影响着游戏的进程和结果，创造出丰富多样的游戏体验。

第三节 游戏设计六步法

精美的游戏不仅有精美的画面、炫酷的战斗系统，还具备智能的"敌人"、令人感动的剧情，这一切都是如何开发出来的呢？

常规的游戏制作过程，一般分为游戏策划、游戏设计、游戏研发三个阶段，这三个阶段都需要特定领域的专业技能，分别由策划师、设计师和程序员来完成。

一、获取游戏创意

一个黄色的生物在被鬼追赶时吃掉豆子——《吃豆人》（见图1-4），管道工跳起来采蘑菇，只为找到他的女朋友——《超级马里奥》（见图1-5）。这几个看上去甚至有点可笑的创意，最后都成了非常著名的游戏产品。

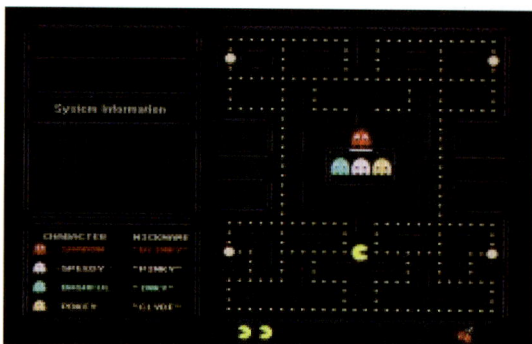

图1-4 《吃豆人》游戏界面

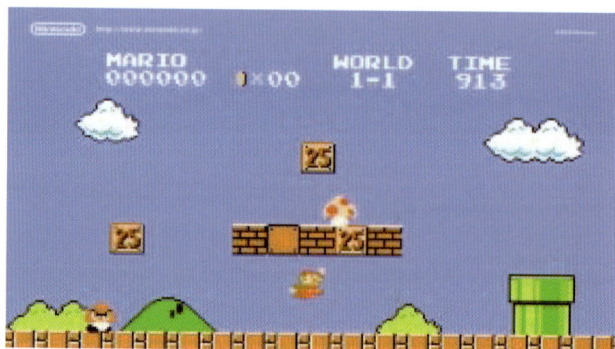

图1-5 《超级马里奥》游戏界面

二、确定目标受众

年轻的群体是按照身体和心理成熟情况划分的，而年老的群体是按照支配时间和社交特征划分的（见图1-6）。男性偏向"征服""竞争""破坏""空间谜题""尝试失败"等主题，女性则更偏向"情感""真实世界""照料""对话字谜""实例学习"等主题。

图1-6 年龄为主的目标受众

三、明确核心玩法

根据第一步设定的游戏目标，从已有的游戏类型中，选择最适合你的游戏类型。不同的游戏类型所体现的主题不同，自然其核心玩法也不同。最好选取三款近期成功且名气较大的同类型产品进行分析参考。例如，你有一个非常感人的故事，需要玩家通过操作来感受，那就参考RPG游戏类型，把讲述故事作为游戏的重点，列出故事主线、分支剧情、触发点等。

四、设计角色动作

在《吃豆人》中，敌人的AI在四种模式中切换，分别是追逐、分散、逃跑和被捕食（见图1-7）。与很多玩家的想象不同的是，敌人并非一直在追踪吃豆人，而是在追逐和分散两种模式中切换，追逐模式的间隙由关卡数决定。由于有分散模式的存在，玩家能在被不断追逐的过程中得到片刻喘息，随着关卡的推进，分散模式的时长也会变短。

图1-7　《吃豆人》游戏中"幽灵"的四种模式

五、赋予游戏空间

比较常见的一维空间游戏有大富翁游戏，玩家在循环的一维空间中通过掷骰子前进，并触发相应事件；二维空间更多采用六边形的填充原理，并赋予特定格子不同的属性（见图1-8）。

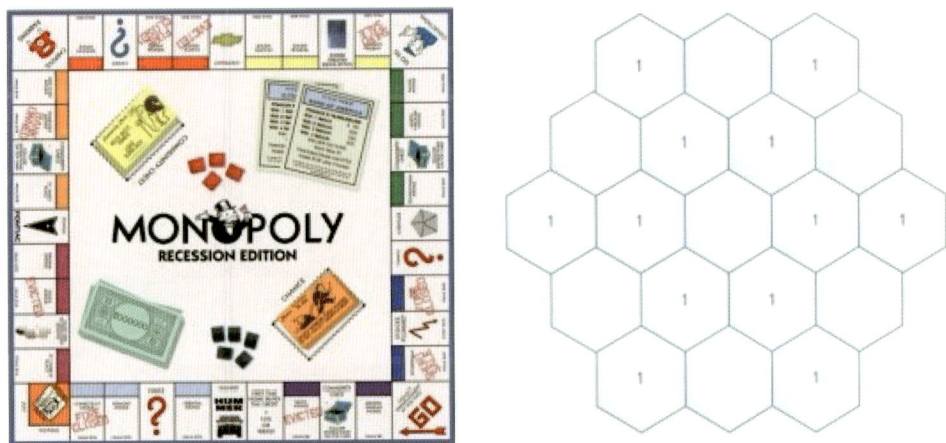

图1-8　游戏空间

六、制作游戏原型

在确定游戏类型的基础上，选择合适的开发平台。最简单的文字叙述类游戏，可以选择橙光文字游戏制作工具（见图1-9）来开发；普通的RPG游戏可以选择RPG Maker（见图1-10）；各类常见的小游戏可以选择唤境（见图1-11）来制作；一般的2D手游可以用Cocos2D（见图1-12）；中型的3D游戏可以用Unity（见图1-13）来开发。

图1-9　橙光文字游戏制作工具

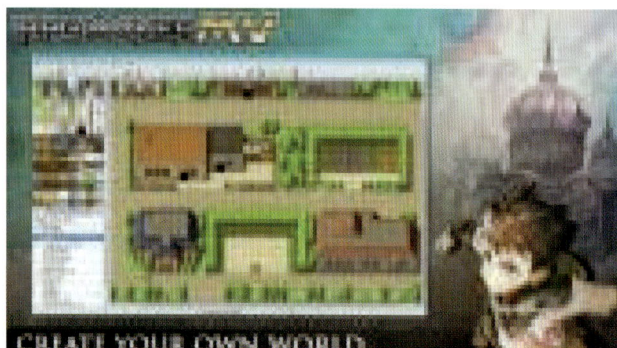

图1-10　PRGMaker游戏制作工具

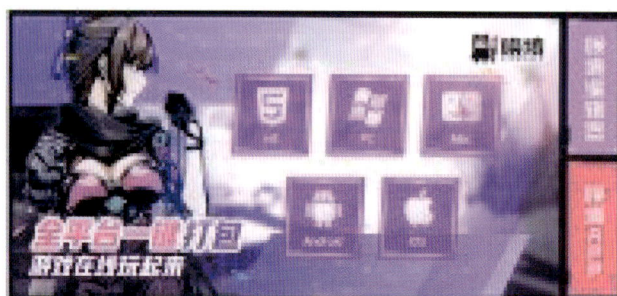

图1-11　唤境引擎

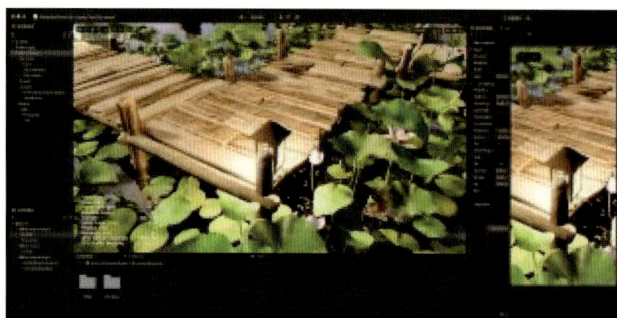

图1-12　Cocos2D引擎

图 1-13　Unity 引擎

课后思考题

你玩过的印象最深刻的游戏是什么呢？

时间飞速流逝，一晃眼，在自己还没做好准备时，就已经长大了。

这里我们一起来回忆一下印象最深刻的游戏，并简单描述一下它的玩法（建议分享2~3款）。

关键字：游戏名称、游玩时的年龄、平台、玩法描述、感受和体验。

课后练习

一 单选题

1._____被誉为世界上第一款实现商业化的电子游戏。

A.亚历山大·道格拉斯的《井字棋》

B.史蒂芬·罗素的《Space War》

C.雅达利第一个雇员艾伦·奥尔康的《Pong》

D.威廉·希金勃森的《双人网球》

2.资深玩家每周的游戏时间大约在_____。

A.22小时　　　　　　B.2小时　　　　　　C.8小时　　　　　　D.40小时

二 简答题

试着用一句话描述游戏目标。

"目标是根本，游戏结束时，目标要么达成，要么未达成，同时量化结果是游戏定义的一部分。"
与现实生活中笼统的目标不同，游戏中的目标具体而清晰，尤其在判断目标完成与否上毫无悬念。
当然，如果一款游戏有一系列目标，那就将它们逐个描述出来，并明确其关联性。

关键字：游戏目标、目标差距反馈。

举例：

1.极品飞车

目标：第一个到达终点。

目标差距反馈：游戏进程中使用小地图显示当前排名位置。

2.国际象棋

目标：将死对方的国王。

目标差距反馈：棋盘上的棋子布局。

3.Tic-Tac-Toe 三连棋

目标：在横、竖、斜任意方向连成一条直线。

目标差距反馈：通过视觉线索显示每个玩家的表现，能看到棋盘上叉和圈的位置，以及剩余可画圈或叉的位置。

4.俄罗斯方块

目标：避免方块触及屏幕顶部。

目标差距反馈：游戏中玩家可随时观察方块与屏幕顶部的距离。

第二章

基本游戏设计工具

教学目的：了解互动游戏设计的基本要素。

教学要求：掌握游戏设计的核心工具。

本章重点：理解有哪些游戏设计工具，以及运用何种方法构建游戏设计的基本架构。

本章难点：如何合理运用游戏设计工具进行游戏设计。

游戏设计所使用的"工具"更接近于视觉艺术中的基本原理，如对称、对比和反差等。这类工具能帮助设计师理解游戏设计的可调节要素，就像视觉艺术中的颜色、线条、形状和结构一样。游戏设计中有十项基本工具：约束条件，直接行动与间接行动，目标，挑战，技巧、策略、运气和不确定性的组合，决策与反馈，抽象，主题，剧情和游戏环境。

第一节　约束条件

游戏之所以有趣，部分原因在于它们通过限制玩家的行为和交互方式，创造出富有挑战性和策略性的体验。这些限制迫使玩家以不同的方式思考和行动，从而使游戏更有深度和吸引力。限制并非剥夺玩家的自由，而是为他们提供了一个独特、有趣的交互体验。

游戏《飞翔的扳手》是一款平台类游戏（见图 2-1），但玩家并非在水平地面上跑跳，而是操控一艘小型飞船，需要驶过一系列曲折的走廊等地形。飞船的自然状态是下落，如果它撞到墙上，玩家就会死亡。为了保持浮空，玩家必须操控飞船向上飞。这是第一项限制——操控飞船，不能撞到墙或其他障碍物上。在此基础上，玩家需要驾驶飞船的地图中充满了不同颜色的障碍物。想要驶过障碍物，飞船的颜色必须和障碍物的颜色一致。飞船的状态与其颜色相对应：下落时为白色，向上飞时为红色，旋转时为绿色。所以玩家不仅要在不碰壁的前提下驾驶飞船，还必须控制好飞船改变状态的时机，用合适的移动方式穿越障碍物。这就是第二个限制——颜色匹配。这两个设计选择共同创造出了一套复杂的约束条件，构建了游戏的核心挑战。

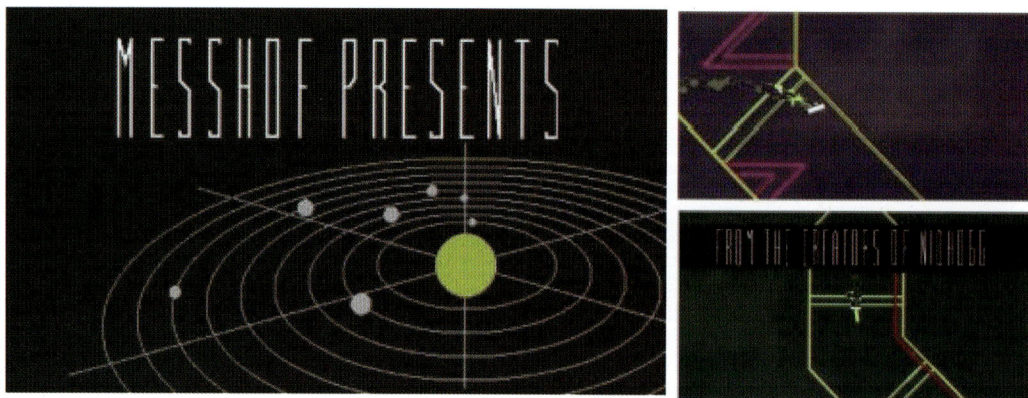

图 2-1　《飞翔的扳手》游戏截图

　　《章鱼奶爸：致命捕捉》是一款独特而有趣的游戏（见图2-2），它通过对玩家角色进行限制，即让玩家操控一个无骨无手的软体章鱼进行日常活动，创造出了一种诙谐的体验。玩家操控的角色不像人形生物那样有固定的骨骼结构，而是一个无骨无手却要完成日常活动的软体动物。这就是限制——使用软体章鱼的身体在空间中移动并与物体互动。在《章鱼奶爸：致命捕捉》里，既然可以用一个正常的人，为何要用一个穿着衣服的软体章鱼呢？答案都是为了游戏所提供的体验，让玩家在不同寻常的情境中感受乐趣和挑战。

图2-2　《章鱼奶爸：致命捕捉》游戏截图

　　在许多方面，限制是游戏设计中的秘密调料。我们从玩游戏中获得的很多满足感都来源于精心设计的限制。意料之外却又令人满意的约束条件能把日常的物体、活动、空间变成激动人心的新花样。《飞翔的扳手》中的限制是精确的移动和时机把控，《章鱼奶爸：致命捕捉》中的限制是非常态且尴尬的操控方式。

第二节　直接互动和间接互动

　　设计师塑造游戏体验时经常使用的一对工具是直接互动和间接互动。直接互动是指玩家直接对物体或场景采取的行动，而间接互动则是不通过玩家（包括玩家所使用的工具）直接接触就发生的行动。弹珠台游戏（见图2-3）是一个很好的例子：玩家通过挡板和球进行直接互动。与此同时，玩家通过挡板击球的动作间接地与弹子、坡道、洞和其他部件互动。如果玩家把球打到弹子上，球就会因为弹子的机械结构以在一定程度上可预测却无法精确掌控的方式弹出去。

图 2-3　弹珠台游戏

物体间的连锁反应表明了设计场景中不同物体互动的重要性。设计师必须思考物体的特性，以及这些特性在游戏中所有可能的情况下会产生什么影响。设计得当的话，直接和间接互动能为游戏创造出一种动态的投入感。

《愤怒的小鸟》是一款具有直接和间接互动、能引发意料之中和意料之外影响的游戏（见图 2-4）。这款游戏采用物理引擎，玩家需要通过拉动弹弓并调整发射角度，将愤怒的小鸟弹射到结构复杂的建筑中，以摧毁一群绿色的猪。游戏中的物理效果对玩家的弹弓发射和小鸟碰撞产生直接影响，而建筑的坚固程度、小鸟的类型和特殊技能等因素则会在碰撞后引发意料之外的结果。这种设计使得《愤怒的小鸟》游戏充满了策略性和挑战性，玩家需要在不同关卡中找到最佳的弹弓发射时机和小鸟类型，以获得最高得分。

图 2-4　《愤怒的小鸟》游戏截图

在动作游戏中，直接互动表现为玩家的直接移动和攻击；在解谜游戏中，表现为操纵机关、解开谜题等，这些直接推动了游戏的进展，例如《超级马里奥》中的跳跃、奔跑影响着实时影像游戏的进程。而间接互动，可以是同一个玩家的一系列决策，或者是与环境道具的交互对游戏后续产生的影响，这样玩家就需要考虑长远影响和后续发展来制定最佳策略。

第三节　目　标

　　游戏的目标为玩家试图取得的成就塑造了形态并赋予了目的。有些时候目标是可量化的，因而比较明确；有些时候目标是体验性的，相对宽松。如果没有目标，玩家就不知道他们为何要遵守规则。

　　可量化的目标，如射击类游戏的击杀数、胜负场数。体验性的目标，如探索与开发、发现新事物、达成某种成就。例如《使命召唤》系列游戏（见图2-5），在多人对战中以击杀数为目标。《文明》系列游戏（见图2-6）要求玩家全面考虑地图资源分配、外交、科技发展、领土扩张等方面，以达成国家发展的目标。

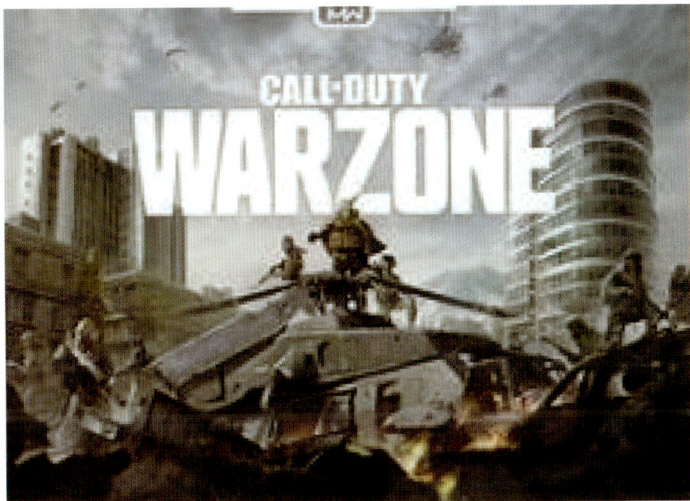

图2-5　《使命召唤》游戏截图

图2-6　《文明6》游戏截图

　　《日落》是 Tale of Tales 制作的一款独特的游戏（见图 2-7），通过多层次的目标设计为玩家提供了宽松的体验式游玩体验，让玩家深入了解主角 Angela 的生活。游戏由一系列天数组成，每天 Angela 都有一项不同的家务任务要完成，比如擦玻璃、拆箱子、洗盘子等。这些子任务是完成整个游戏目标的一部分，玩家通过逐日完成这些任务，可以逐步了解 Angela 的日常生活和家庭环境。游戏的最终目标是通过逐天积累完成子任务，进而完成 Angela 的所有任务。随着游戏的进行，玩家逐渐了解 Angela 的生活、家庭情况以及所处的虚构国家的内战背景。除了传统的游戏目标，如通关和完成任务，像《日落》这类体验式目标设计的游戏，更强调玩家在游戏中的情感体验和故事探索，让玩家更深度地投入游戏世界，感受游戏中的情节和角色。这种体验式目标设计在游戏中提供了一种非常独特的游玩体验，吸引了那些喜欢探索故事和情感的玩家。

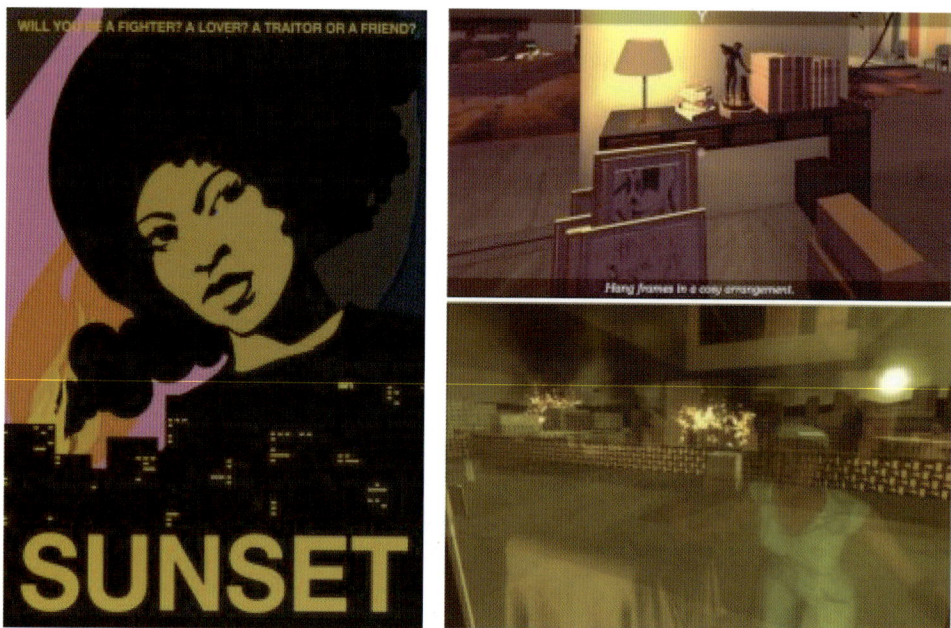

图 2-7　《日落》游戏截图

第四节　挑　战

　　玩家试图达成目标时，设计师用来塑造玩家体验的工具之一就是挑战。所有游戏都会提供某种程度的挑战，甚至有时挑战是玩家自己给自己设定的。

　　《舞力全开 2025》系列是由 Ubisoft 开发和发行的舞蹈音乐游戏（见图 2-8），玩家能通过跟随屏幕上的舞蹈动作与音乐互动。这个系列的游戏一直以来都受到舞蹈爱好者和家庭娱乐玩家的喜爱。游戏中有多种不同风格和节奏的舞蹈曲目可供选择，玩家需要准确模仿屏幕上的舞蹈动作来获得高分。游戏支持多人模式，玩家可以与朋友或家人一起玩，进行舞蹈对决或合作挑战，增加游戏的互动性和乐趣。游戏还提供了舞蹈编辑器，允许玩家创建自己的舞蹈动作，并与其他玩家分享和发起挑战。

图 2-8　《舞力全开 2025》游戏

角色扮演游戏《原子之心》（见图 2-9）的挑战流体现在以下几点起始阶段：游戏开始时，玩家会逐步了解角色的控制和基本操作，如战斗技能、法术施展和装备使用。初始敌人较为简单，能让玩家逐渐熟悉游戏的战斗机制。随后，游戏难度逐步提高，随着进程推进，玩家会遇到更强大的敌人和怪物，需要运用更多的战术、法术和瞄准技能来击败它们。游戏逐步引入更多任务和剧情，要求玩家思考决策所产生的影响。升级和深化挑战方面：玩家通过游戏进程中的战斗和任务获得聚合物与材料，用于升级角色的技能、能力和装备。敌人的难度不断攀升，可能会出现更具挑战性的战斗和战术要求。高潮与巅峰挑战体现在最后几个任务中，这些任务可能涉及关键决策，会影响游戏结局和角色的命运。

图 2-9　《原子之心》游戏截图

续图 2-9

第五节   技巧、策略、运气和不确定性

从挑战中衍生出的是一组四个相互关联紧密的概念：技巧、策略、运气和不确定性。技巧是玩家对游戏内动作的掌握程度；策略是玩家为了在游戏中达成目标而选择最优行动方案的能力。运气成分越重，玩家设计策略的难度就越大，无论技巧高低如何。运气成分越低，设计策略的空间就越大。

飞镖游戏（见图2-10）是一个很好的例子，玩家需要准确地瞄准并掷出飞镖，以尽可能命中靶心并获得高分。玩家需要不断提高自己的技能和策略，同时学会适应不同的游戏情况和对手，从而在游戏中取得优势。这种有技巧要求、涉及运气成分且需要灵活策略的游戏设计，增加了飞镖游戏的深度和乐趣。

图 2-10   飞镖游戏

轮盘赌是一个完全基于运气的游戏（见图2-11），与那些需要技巧和策略的游戏有明显区别。在轮盘赌中，玩家在轮盘上选择一个颜色、一个数字或者一组数字，并押上赌注，然后等待轮盘停止旋转，结果完全取决于轮盘的随机运动。基于技巧的游戏能提供挑战性和成就感，让玩家通过学习和练习不断提高自己的能力；而基于运气的游戏则更注重轻松和娱乐，让玩家享受游戏的乐趣，无须过多考虑复杂的策略。

德州扑克游戏（见图2-12）中的运气成分使得每一局都充满不确定性，即使玩家计算了概率并做出最优策略，胜负结果仍然取决于所抽到牌的运气。玩家的技术和策略会受到设计师所引入的运气和不确定性的影响，这些运气和不确定性无论是游戏本身蕴含的、其他玩家带来的，还是玩家追求目标本身导致的。游戏设计的一大挑战就是找好这两者之间的平衡。

图 2-11　轮盘赌游戏

图 2-12　德州扑克游戏

第六节　决策和反馈

思考玩家如何理解游戏时，有两个与之相关的游戏设计工具：决策和反馈，它们会引导玩家的游戏体验。国际象棋是一种回合制游戏（见图2-13），玩家轮流走棋，这为游戏提供了较长的决策时间和深度思考的机会，玩家必须仔细评估不同的选择，并做出对整个局面有意义的决策。

图 2-13　国际象棋游戏

《街头霸王》是一款著名的格斗游戏（见图2-14），玩家扮演不同的角色进行对战，需要做出快速而准确的决策来对抗对手，并根据游戏中的反馈调整策略。游戏并非以回合制进行，而是实时对战。在战斗中，玩家需要快速决定如何应对对手的攻击，可以选择进行攻击、防御或者闪避等动作，还能使用特殊技能和连招。不同的决策将影响游戏的进程和结果，如果决策得当，玩家的角色将成功发动攻击或者躲避对手的攻击，从而造成伤害或保护自己；反之，则可能会受到对手的攻击并扣血。

图 2-14　《街头霸王》游戏截图

第七节　抽　象

围棋代表着一种以抽象方式呈现的游戏（见图2-15），同时，游戏设计师还有另外两种用来塑造游戏体验的抽象方式：抽象现实世界的活动和构建抽象系统。

《瘟疫危机》游戏（见图2-16）运用抽象化手法，将现实世界中的病毒爆发、传染病学等系统和行为转化为游戏化结构，从而创造出引人入胜且充满挑战性的合作游戏体验。游戏借助棋盘、指示物、扑克牌等元素，把病毒爆发、城市感染和治疗等过程抽象简化为游戏机制。玩家分别扮演不同角色，每个角色具备独特能力，增加了游戏的多样性和战略性。游戏目标是合作保护世界免受瘟疫侵害，这强调了团队合作的重要性。玩家需共同制定策略、规划行动，并及时应对病毒爆发事件。通过这种抽象化手法，《瘟疫危机》将现实世界中复杂的病毒传播和治疗过程简化为易于理解的游戏机制，让玩家能更专注于策略与合作，享受游戏带来的乐趣和挑战。这种抽象化游戏设计使《瘟疫危机》成为一款受欢迎的合作桌游，吸引众多玩家参与，一同应对疾病危机，体验团队合作的乐趣。

图 2-15　围棋游戏

图 2-16　《瘟疫危机》游戏截图

第八节　主　题

　　游戏的主题是游戏自我表达的基本逻辑框架，它可以是游戏的背景故事、情节设定、游戏世界的设定，也可以是游戏的核心玩法和目标等。通过恰当选择和塑造游戏主题，游戏设计师能够帮助玩家更迅速直观地理解游戏的核心要素和玩法，从而增强游戏的吸引力和可玩性。

　　《超级马里奥》系列是一款非常经典的平台游戏（见图2-17），其主题是围绕一个戴着红色帽子、留着胡子的意大利水管工——马里奥展开的。玩家扮演马里奥，穿越各种不同的世界，收集金币、跳跃躲避敌人，最终拯救被恶龙控制的公主。游戏主题中的马里奥、敌人、金币、水管等元素，都与游戏的核心玩法紧密相关。通过这个主题，玩家能迅速理解游戏的基本玩法：控制马里奥跳跃和移动，躲避敌人的攻击，收集金币，进入水管等。主题还为游戏设定了明确的目标：拯救被困的公主，增加了游戏的挑战性和吸引力。游戏主题中的各种元素和角色都具有鲜明的个性和特点，能让玩家更容易地投入到游戏世界中，产生共鸣和情感联系。

图2-17　《超级马里奥》游戏截图

　　从主题中我们可以看到，游戏的目标、行为、感官风格、剧情和世界能够以各种方式结合在一起，而结合的方式取决于你想要营造什么样的游戏体验。有时，就像在国际象棋中，设计师希望采用较为轻量化的主题，将其与强策略性的游戏设计和近乎抽象的表现形式相结合，以帮助玩家理解角色，并提供解释策略和结果所需的背景。

第九节 讲 故 事

很多游戏都围绕故事世界展开,玩家扮演某个角色,并操控自己的角色执行动作。在许多电子游戏中,剧情本身就是体验的重要组成部分。我们行动所造成的影响与剧情的进展通常是相互交织的。我们在游戏中对角色的控制越间接,剧情就越能帮助我们理解发生了什么,以及我们推动剧情是否顺利。

《去月球》是一款以剧情为主的RPG像素风游戏(见图2-18)。游戏通过紧凑的剧情讲述了一个动人的故事,游戏剧本结构把控着玩家情感(或者说是心理)变化的节奏,台词则从细节上加深了角色内心情感的传达,增强了玩家的情感代入感。《魔兽世界》是一款由暴雪娱乐开发的大型多人在线角色扮演游戏(MMORPG)(见图2-19),故事发生在名为艾泽拉斯的虚构世界中,包含各种不同的种族、地区、历史事件和神话传说。玩家可以选择扮演不同的种族和职业,通过参与剧情,深入了解游戏世界的背景和历史。除了主线剧情,游戏还有许多副本和团队任务,这些任务通常会围绕重要事件或强大敌人展开。玩家需要组队合作,共同挑战这些困难的任务,体验高强度的战斗和冒险。游戏中还会不定期举办剧情事件,这些事件会为游戏世界引入新的故事情节和活动。玩家可以通过参与这些事件,亲身体验游戏故事的发展和演变。

图2-18 《去月球》游戏画面

在这些例子中,我们可以看到剧情有多种展现方式:比如通过文字、玩家动作,结合游戏本身的挑战来展现剧情;通过探索游戏场景以及与物体的互动来展现;通过游戏的结构来展现;或是故事本身就是游戏的主要活动和内容。讲故事是游戏设计中一种重要的工具,它能为游戏赋予情感和深度,增强玩家的参与度和投入感,让游戏成为一种引人入胜且具有吸引力的娱乐体验。

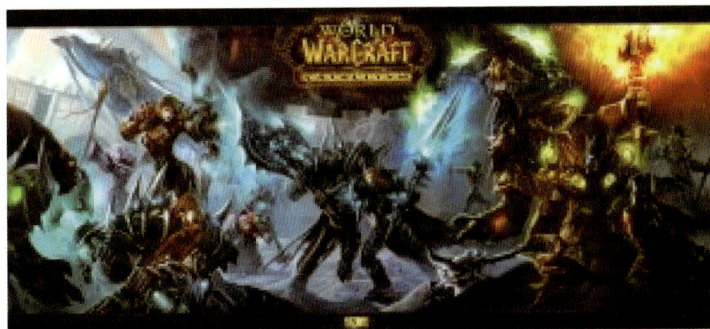

图 2-19　《魔兽世界》游戏

第十节　游戏环境

　　游戏环境涵盖游戏的平台、场景、玩家群体，以及玩家开展游戏的时间和地点等方面。不同的游戏环境会对游戏体验产生巨大影响，因此游戏设计师需要充分考虑这些因素，以创造一个成功的游戏。

　　在《叠叠乐》游戏（见图2-20）里，玩家每次要从由54块木块构成的高塔中拿走一块，并放到塔顶。塔会逐渐变得越来越不稳，直至塔倒那激动人心的一刻到来。《叠叠乐》是为数不多决定输家（使塔倒塌的那个人）而非赢家的游戏。"层层叠"通常是在家中桌子上玩的，这就是为特定环境而做的设计——为游戏打造了一个在另一环境中更具乐趣的版本。《大力士叠叠乐》是一款经典的桌面游戏（见图2-21），它也是"层层叠"游戏的一种具体呈现。这款游戏用木块搭建一个稳定的高塔，然后玩家依次从塔底部拿出一块木块，并将其放到塔顶，逐渐增加塔的高度。玩家需谨慎选择木块放置的位置，以保持塔的稳定，避免塔倒塌。环境为游戏提供了基本设定，同时也能改变游戏的本质，并衍生出新的变体和形式。

图 2-20　《叠叠乐》游戏

图 2-21　《大力士叠叠乐》游戏

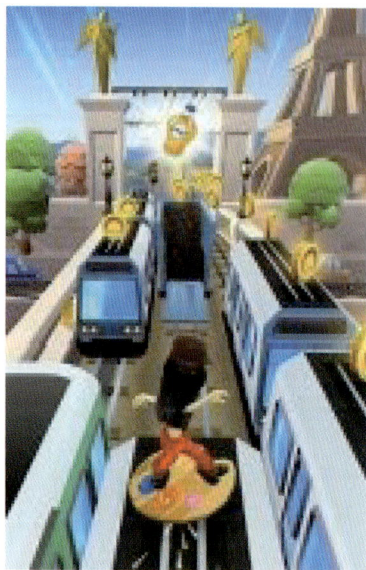

图 2-22　《地铁跑酷》手游　　　　　　　　图 2-23　《消消乐》手游

在不同环境下游玩的游戏，其时长和内容往往都会不同。例如在地铁上进行日常通勤时，只能在手机上玩的简单小游戏，通常游戏时间短，游玩内容简单，像手游市场长盛不衰的《地铁跑酷》、《消消乐》等小游戏（见图 2-22、图 2-23）。而在 PC 端、PS、Xbox 端等情况下，需要体验者集中精力去完成一局或者一系列内容。

课后思考题

请描述未来的游戏。

近 10 年来，游戏的存在场景已不再局限于娱乐范畴，而是成为一种全新的文化表达和体验方式。最新技术改变了游戏的形式，也让更多领域受到关注。越来越多的教育、医疗、科研、公益、商业等元素成为游戏设计的内容。

请大家发挥想象，描述一下未来的游戏是什么样的。

关键字：未来的科技、未来的娱乐游戏、未来的游戏体验、更多的游戏应用领域（请尽量不要分开描述，将以上关键字结合在一起）。

课后练习

一 多选题

1.游戏机制是基于现实世界的抽象动态模型，优点包括＿＿＿＿＿＿。

A.利于玩家理解，降低复杂度

B.利于表现交互式故事情节，加深玩家体验

C.缩短时间，排除无关因素

D.感受因果和逻辑关系，便于玩家理解

2.关于游戏目标，正确的描述是_____。

A.游戏目标要具体而清晰

B.游戏目标需要能够量化

C.游戏把目标分为近期和长期目标

D.游戏目标能够衡量游玩的品质

🔴 简答题

找一个你童年玩过的简单游戏。尝试通过图来描述它的可能性空间，并把目标、行动、对象、规则和游戏空间作为参数，应用到你所玩的游戏中。这个图也许是一个虚拟的流程表，也许是一幅画，用于在一个单独屏幕上展示可能性空间，或者是游戏中的一个瞬间。

第三章

游戏的种类

教学目的：通过本章学习，了解各类游戏的特点。

教学要求：依据游戏特征鉴别游戏类型。

本章重点：掌握各类游戏的组成要素。

本章难点：不同游戏种类的设计流程。

计算机游戏的分类取决于游戏的流派和类型。区分游戏不同流派和类型的要素众多，最主要的有四项：主题、故事情节、视觉风格、游戏机制。游戏的主题是游戏所涉及的核心概念与背景设定；故事情节是游戏中的故事线索及剧情发展；游戏的视觉风格涵盖游戏的图形和艺术设计；游戏机制是游戏的规则和玩法，决定了玩家在游戏中的行动与互动方式。

根据这四个要素，游戏可被归类为不同的流派和类型，比如动作游戏、角色扮演游戏、射击游戏、策略游戏、模拟游戏等。不同的游戏类型提供不同的游戏体验和挑战，满足不同类型玩家的兴趣和喜好。游戏开发者根据目标受众和游戏特点，选择合适的主题、故事情节、视觉风格和游戏机制来打造独特的游戏作品。

第一节　竞争类游戏

在竞争类游戏中，有些玩家会赢，有些玩家会输，这就营造出一种竞争环境：玩家或玩家所在的队伍会努力战胜对手，无论对手是谁。比如，在《FIFA》系列足球游戏（见图3-1）中，胜者就是比赛时间结束前得分更多的队伍，体育比赛和大多数多人游戏都是如此。

在电子竞技游戏中，揣摩对手心思是一种高级技能，它能帮助玩家在对抗中占据优势。通过观察对手的操作、位置和习惯等，玩家可以推断出他们的意图和策略，然后采取相应措施应对。这种能力需要玩家深入了解游戏机制、策略以及对手的心理，并且能在快节奏的游戏环境中迅速做出决策。在传统棋类游戏（如国际象棋、围棋等）以及体育比赛中，顶级棋手和运动员往往会学会观察对手的行为模式，从而更好地预测对手的下一步走法或动作，进而优化自己的策略。

许多竞争性游戏还涉及团队合作、战术规划、快速反应等方面。玩家在这些游戏中不仅需要展现个人技能，还需要与队友合作，制定战术，并适时调整策略以适应对手的变化。

这就是某些游戏中竞争性的迷人之处——为玩家构建出一个空间，玩家思考的不仅是自己的决策，还有对手的决策。揣摩对手心思就是玩家的技术策略与对手技术策略的不确定性较量。驱动这种较量的是游戏双方的目标。因此，揣摩对手心思常见于有明确目标、一队赢一队输的游戏中。

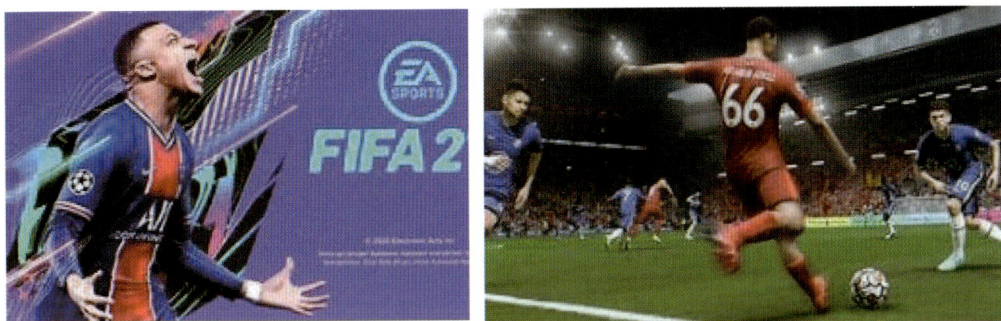

图 3-1　《FIFA》系列足球游戏

第二节　合作类游戏

　　合作类游戏鼓励玩家之间进行团队合作，共同努力实现共同目标。在合作类游戏中，玩家需要共同制定战略、协调行动，并相互支持以克服游戏中的障碍和挑战。团队合作不仅增加了游戏的深度和复杂性，还提供了一种社交体验，让玩家能够与朋友或陌生人一起协同努力，共同追求胜利。合作类游戏也有很多受欢迎的类型，如合作冒险游戏、合作射击游戏、合作解谜游戏等。这些游戏通常能为玩家提供一种非常积极且有意义的社交体验，让玩家们在共同合作的过程中建立友谊和紧密的联系。

　　《Overwatch 守望先锋》是一款多人在线第一人称射击游戏（见图3-2），玩家需要在不同的英雄角色中选择并协同作战，以达成团队目标，如占领控制点或运送货物。游戏中不同的英雄角色具有不同的技能和定位，需要玩家协作来制定最佳策略。《Among Us 太空狼人杀》是一款社交推理游戏（见图3-3），玩家需要一起合作完成任务，但也有叛徒在暗中行动，试图杀害其他玩家。当与超过一名玩家一起玩游戏时，存在两种可能的玩家类型：合作型和对抗型。更多情况下，游戏在本质上是对抗性或竞争性的。

图 3-2　《Overwatch 守望先锋》游戏

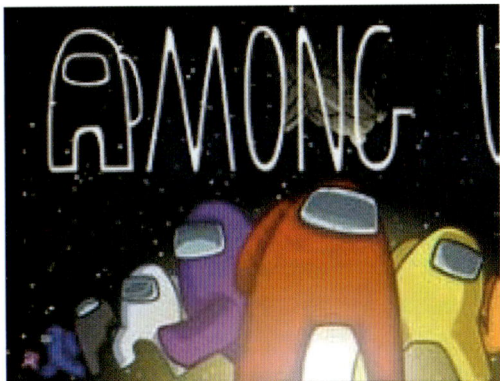

图 3-3　《Among Us 太空狼人杀》游戏

在合作型游戏中，两个或多个玩家共享一个目标，并通过共同努力去实现这个目标。桌上角色扮演类游戏就是很好的例子。在这类游戏中，几个玩家组成团队去冒险，在这种情况下，玩家团队需要对抗的障碍通常是游戏设计中的虚拟世界，或是游戏主持者所营造的情境。在视频游戏中，合作游戏通常是两个或两个以上玩家与人工智能对手对抗。玩家可以交易物品、相互治疗，采用互补的游戏战略（如主战坦克与远程武器联手使用），或以更动态的方式（如相互给予能力上的增强互补）来通过单个玩家靠自身能力无法通过的障碍。

很多游戏有可解锁的结局，需要玩家们一起合作去解决最后的挑战。

在主机游戏中，玩家通常可以在同一个控制台上一起进行合作游戏，后来逐渐发展到可以允许两名玩家通过一个控制台和网络另一端的其他玩家一起合作。即使在单人游戏中，合作的玩法依然有可能通过玩家与之前保存的游戏状态中的"自己"合作来实现。

第三节　技巧类游戏

无论是竞争类游戏还是合作类游戏，技巧都是玩家在游戏中取得成功的关键因素。技巧可进一步分为身体技巧和思维技巧，下面举例说明这两种类型的游戏技巧。

1. 身体技巧

在足球游戏里，玩家需熟练掌握各种身体技巧，如精准传球、射门、控球和盘带。例如，传球时要控制好力量和角度，让球传到队友脚下；射门时要找准时机与角度，以射中球门；控球时要准确接住来球，并迅速控制球的方向和速度等。这些身体技巧需不断练习和磨炼，才能在比赛中表现出色。在很多竞技手机游戏中，比如射击类或快节奏游戏，玩家要快速且准确地进行操作。这些游戏要求玩家具备高超的手眼协调能力和反应速度，只有通过不断练习并熟悉游戏机制，玩家才能在游戏中占据优势。

2. 思维技巧

棋类游戏中的战略规划：棋类游戏如国际象棋、围棋等，要求玩家具备深刻的思维技巧。玩家要预测对手可能的走法，同时制定自己的战略，以达成最终胜利的目标。这需要在不同可能性之间权衡利弊，进行长远规划，并随时根据对手的变化做出决策。

解谜类游戏通常包含复杂的谜题和难题，需要玩家进行深入的逻辑推理和分析。玩家要仔细观察游戏场景，找到隐藏线索，推断出正确的解决方法。这种思维技巧要求玩家善于思考、灵活运用知识，并具备解决问题的耐心和毅力。

在《消失的光芒2》中（见图3-4），玩家需掌握跑酷技巧和生存知识，以便在绝境中生存。无论是身体技巧还是思维技巧，游戏都为玩家提供了一个锻炼和发展这些能力的平台。通过游戏，玩家能不断挑战自我，提高技能水平，并在游戏中获得乐趣和成就感。

图3-4　《消失的光芒2》海报

第四节　体验性游戏

《风之旅人》是一款由Thatgamecompany开发的独特的冒险游戏（见图3-5）。游戏并不着重于技巧挑战，而是通过沉浸式的环境、优美的音乐和简单的控制来传达情感与情节。在游戏中，玩家扮演一个身着红色斗篷的无名旅行者，被带入一片神秘的沙漠世界。玩家的目标是登上远方的山顶，途中会遇到各种谜题和障碍。在游戏中，玩家可能遇到其他玩家，但不会有任何形式的交流，只能通过行动和音乐来表达情感。这种无声交流的设计增强了游戏中的神秘感与情感表达。《风之旅人》的核心体验是一场心灵之旅，玩家可以通过游戏中的旅程来探索自我、沉思并寻找内心的平静。游戏中的艺术风格和音乐，以及无语交流的玩家互动，能让玩家产生一种深层次的情感共鸣。

图3-5　《风之旅人》海报、游戏截图

这个例子展示了游戏开发者如何以非传统方式，聚焦于情感、探索、美学和剧情等方面，为玩家打造独特且引人入胜的游戏体验。这类游戏在游戏界占据重要地位，因为它们能够触动玩家情感，让玩家沉浸在游戏世界中，带来令人难忘的感受。

第五节　运气和不确定性游戏

截至目前所看到的这些游戏都有一个特点：游戏体验的架构和结局都取决于玩家或设计师。但是当把运气成分加入进来时又会怎样呢？下面是一些将运气成分与其他游戏要素相结合的例子。

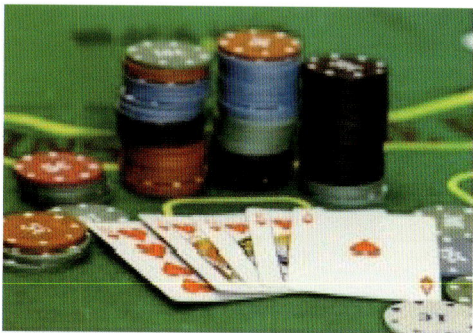

图3-6　德州扑克游戏

德州扑克是一种流行的纸牌游戏（见图3-6），其中运气是一个重要因素。玩家需要根据手中的两张底牌和五张公共牌来组成最好的牌型。尽管玩家可以做出策略性决策，但最终获胜的可能性仍会受到发牌运气的影响。这种结合了策略和运气的特性使德州扑克成为一种受欢迎的竞技和赌博游戏。

二十一点是一种纸牌游戏（见图3-7），玩家的目标是使手中的牌点数尽量接近或等于21，但不能超过。在游戏中，玩家需要决定是否继续抽牌，以达到最佳点数，同时要考虑庄家的点数。这里运气体现在玩家抽到的牌是随机的，可能有助于达到21点，也可能超过21点，所以玩家需要在不确定性中做出决策。

骰子游戏（见图3-8），如"猜大小""掷骰子"等，都涉及运气因素。玩家根据骰子的点数来决定结果，而点数由随机因素决定，因此玩家无法预测最终结果。这些游戏通常有一定的赌博成分，玩家可通过运气和决策来赢取奖励。

图3-7　二十一点游戏

图3-8　骰子游戏

这些例子表明，将运气成分融入游戏中能够创造出不同类型的游戏体验。运气让游戏结果更具不确定性，提升了玩家的挑战感与期待感，同时也为游戏增添了刺激感和乐趣。

第六节　娱乐性游戏

虽然大多数基于策略、运气和不确定性的游戏风格较为严肃，但也有一些幽默或娱乐类的游戏。撕名牌游戏（见图3-9）给人的感觉就像坐游乐场里的过山车或是小孩从山上往下滚。娱乐类游戏强调愚蠢的行为、意外的结果，通过营造出令人晕眩且需玩家自行解读的游戏体验来带来愉悦感。这些游戏通常不需要复杂的技巧或深度的策略，而是凭借轻松的玩法和有趣的故事情节，吸引玩家投入其中，并在游戏过程中让他们收获欢笑与愉悦。

图3-9　撕名牌游戏

第七节　角色扮演游戏

对很多人来说，游戏是角色扮演的一种形式。更准确的说法或许是，游戏是一种体验故事的形式。当玩家玩游戏时，通过他们的行动，故事逐渐展开。游戏中有多种讲故事的传统，从桌上角色扮演游戏那种角色驱动的体验，到3A大作采用的更电影化的讲故事手法。

1. 桌上角色扮演游戏

这是传统的角色驱动的游戏体验，玩家扮演特定角色，通过描述和决策参与故事。游戏主持人负责构建游戏世界和故事情节，玩家则通过互动和扮演角色推动故事发展。这种形式的游戏强调角色成长和决策的影响，玩家可以自由探索游戏世界，创造独特的故事体验。

2. 电影化的 3A 游戏

随着游戏技术和制作水平不断提升，许多大型游戏制作公司将更多注意力放在讲故事上。现代 3A 大作通常采用电影化手法，通过高质量剧情演绎、精美动画、真人演员表演和出色音乐讲述深入的故事。这些游戏强调视觉和情感冲击，让玩家沉浸在引人入胜的叙事中。

3. 互动小说与决策游戏

这是一种相对较新的游戏类型，强调玩家选择和决策对故事的影响。游戏通常以文字和图像为主，玩家需在故事情节中做出选择，每个选择都会影响故事进展和结局。这种类型的游戏侧重于玩家的主观体验，让玩家感觉自己在塑造故事中的角色和情节。

4. 独立游戏

独立游戏开发者通常更注重创新和实验，尝试新颖的叙事手法和故事表达。有些独立游戏通过抽象、象征和隐喻的方式传递深层次主题和情感。这些游戏强调玩家的解释和理解，让玩家在游戏体验中获得更独特和个人化的感受。

不同类型的游戏在讲故事方面有不同的传统与创新。无论是《爱丽丝：疯狂回归》这类角色扮演游戏（见图 3-10）、电影化的 3A 大作还是进行实验的独立游戏，讲故事的方式都在不断发展和演变，为玩家提供丰富多样的故事体验。通过游戏，玩家可以以自己独特的方式成为故事的一部分，创造出属于自己的游戏记忆和故事。

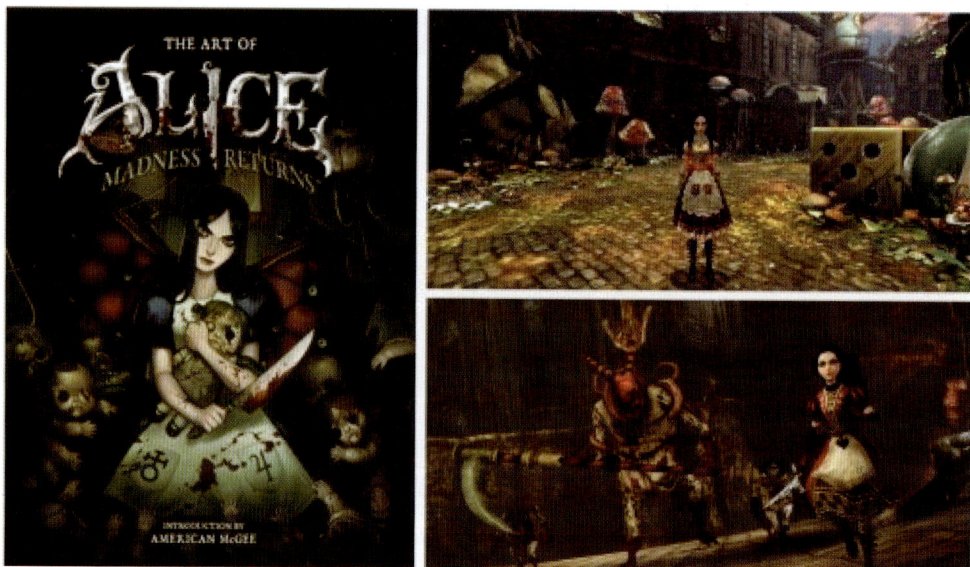

图 3-10 《爱丽丝：疯狂回归》游戏

第八节   表演性游戏

　　有些游戏将表演作为游戏体验的核心。这些游戏玩起来和看起来同样有趣，能引发戏剧化的行为与表演。《比手画脚》是一个基于玩家表演的游戏（见图3-11），其核心规则是玩家不能用语言交流，而必须使用手势语言给队伍提示。这就要求玩家运用创造性的手势和动作来解释词语或短语，让队友猜测。玩家的表演和理解能力对游戏能否成功至关重要。这类游戏适合与家人、朋友一起玩，能营造轻松的氛围，带来愉快的时刻。由于这类游戏具有戏剧性和趣味性，它们在派对、聚会或团建活动中非常受欢迎。

图 3-11   《比手画脚》游戏

图 3-12   《狼人杀》游戏

第九节   表达性游戏

　　表达性游戏是一种强调艺术表达和情感体验的游戏类型。它们通常旨在通过游戏机制、故事情节、音乐、视觉效果等元素，向玩家传达深刻的思想、情感或主题。这些游戏着重探索和表达人类体验中的情感、内心世界和社会议题，有时可能不会过多强调传统游戏的竞争性或挑战性。

　　《狼人杀》是一款非常著名的表达性游戏（见图3-12）。一局狼人游戏一般由十二名玩家组成，他们将分属游戏中两个对立的阵营：狼人阵营和好人阵营。好人阵营人数较多且互不相识，以放逐投票和角色技能为主要手段，需消灭所有隐藏在人群中的狼人以获取最终胜利；而人数较少且互相认识的狼人们则隐匿于好人之中，依靠夜晚猎杀好人和白天诱导好人错误投票来获胜。表达性游戏不仅是一种娱乐形式，更是一种艺术形式，能引起玩家的共鸣与思考。通过与游戏互动，玩家可以深入探索情感和主题，从而获得更丰富、深刻的游戏体验。这种类型的游戏往往会给玩家留下深刻印象，并推动游戏制作者对游戏媒介进行创新探索。

第十节　模拟类游戏

　　基于模拟的游戏是一种通过模拟真实或虚构场景来让玩家体验特定情境或操作的游戏类型。这些游戏通常着重于模拟现实生活中的某些方面，例如经营、建筑、飞行、驾驶等，让玩家在虚拟环境中扮演不同的角色，以探索和体验特定的场景或情境。《模拟城市》是经典的基于模拟的游戏（见图3-13），玩家可以创造和控制虚拟人物，包括设定他们的外貌、性格、职业、住宅等。玩家可以与这些虚拟人物互动，并观察他们在虚拟世界中的生活。游戏模拟了现实生活中的日常活动，例如睡觉、工作、社交、娱乐等。这使得玩家可以创造自己的虚拟社交圈和故事，享受虚拟世界的生活体验。

　　《都市：天际线》是一款城市建设模拟游戏（见图3-14），玩家可以扮演市长的角色，建设和管理自己的城市。玩家需要规划道路、建筑、公共设施、交通系统等，并满足市民的需求。游戏中涉及城市规划、资源管理和基础设施建设等真实生活中的问题，让玩家体验到市长的职责和挑战。

图3-13　《模拟城市》游戏

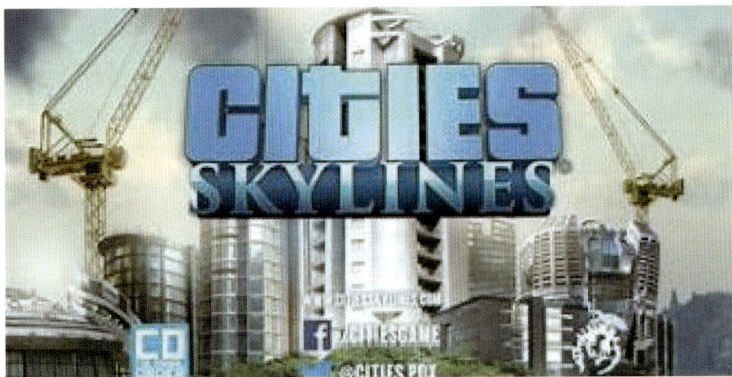

图3-14　《都市：天际线》游戏

　　这些基于模拟的游戏提供了沉浸式且富有真实感的体验，让玩家能在虚拟世界中扮演不同角色，探索和体验各种情境与场景。这类游戏往往受到喜欢模拟现实生活体验的玩家欢迎。游戏让玩家全程参与，对快餐店进行系统性模拟操作。游戏如此设计有其深意：运用游戏和玩法来表达对整个产业的看法。

课后思考题

　　选一款游戏，思考你对该游戏玩法的思维模型。

　　思维模型：玩家对游戏机制的理解，既涵盖他们玩游戏时应该做什么，也包含他们的行为在游戏可能空间里所具有的意义。

课后练习

一　单选题

早期的游戏玩家也被称为"闯关族"，这是在＿＿＿＿＿＿＿＿类型的玩法上提出的。

A.RPG　　　　　　　　B.AVG　　　　　　　　C.FPS　　　　　　　　D.ACT

二　多选题

下面哪种游戏类型不重视故事？

A.文本冒险游戏　　　　B.模拟类游戏　　　　C.RPG角色　　　　D.动作类游戏

第四章

玩家体验

教学目的： 针对游戏的核心内容及其基本组成要素，深入研究和探讨它们出现的时机与运用方式。

教学要求： 了解游戏的设计价值以及玩家的类型。

市章重点： 掌握设计价值的基本问题在游戏设计中所起的作用。

市章难点： 从游戏设计师的角度思考游戏设计。

第一节　行为理论的框架

行为理论提出了以下互动循环：信念、反馈、需求、意图、行动、重复。

信念：个体的信念基于他们之前的经验和信仰系统，构成了他们对世界的理解框架。

反馈：当个体面对不同情境时，他们会根据自己的信念做出反应并获得反馈。

需求：通过反馈，个体产生了一些需求，即需要采取行动来达成目标或满足特定的心理或生理需求。

意图：需求促使我们形成行动计划。

行动：有了意图之后，个体就会付诸行动，采取具体的步骤来实现其意图和满足需求。

重复：完成一系列行动后，循环并不会停止，而是会继续进行。

行动的结果可能导致情境的变化，从而再次触发反馈，重新启动整个循环。在行为理论的循环里，我们能看到许多需要为玩家考虑的事情：他们如何理解场景，需要什么，认为自己能做什么，实际能做什么，如何解释行动的结果。这个模型非常适合我们思考到底要向玩我们游戏的玩家提出什么要求。同时，这也很符合第三章"游戏的种类"中所讨论过的行为一结果单元——无论是"鸟瞰"式地了解他们学习游戏的过程、他们希望从体验中获得的东西以及最后实际获得的体验本身，又或者是玩游戏时做出每个决策的更细节的过程。

第二节　游戏体验的层次

游戏是面向用户的产品，不论是看重市场营收的商业游戏，还是看重设计师自我表达的独立游戏，都应该尽最大努力让上手游戏的玩家体验到设计师想要传达的情绪与情感，减少情绪与情感在传达过程中因不完美的细节干扰而产生的不良体验。只有获得良好的体验，满足了玩家的动机、需求与欲望，玩家才会更有可能沉浸在我们创造的虚拟世界当中。"游戏是艺术"这个观点需要更多有意义的、饱含设计师情感的游戏作品来支撑。而在当前，高级的情感体验设计在游戏设计中往往优先级并不高，游戏设计师们更倾向于将时间花在设计复杂有趣的机制、玩法、系统等方面，因为这些模块能很好地营造玩家的短时情绪体验，但之后便止步于此，不再对游戏中的情绪进行整合升华设计，不再花时间为玩家设计更有意义、更加宏大的情感体验（见图4-1）。

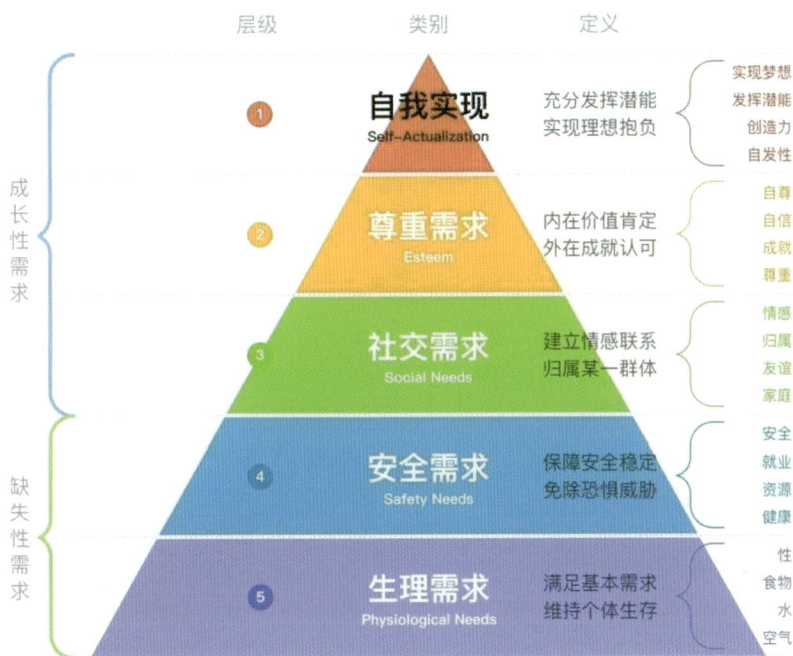

图4-1　马斯洛需求层次模型

一、感官层

和其他任何人类体验一样，游戏也是从五感开启的。我们观看、聆听、感知电子游戏，这是我们最基础的游戏体验。因此，理解如何观看、聆听和感知一个游戏是至关重要的。

与此同样重要的是展现世界的方式。是采用超级简单的图片，只有几个像素呢？还是超级逼真，就连所有的阴影和纹理都精心雕琢过呢？抑或是一个完全不用图片，只有文字和声音的游戏？玩家观察世界的方式和向玩家展现世界的方式共同影响着玩家对自己在游戏中角色的理解，决定了他们想要做什么，并阐释了玩家在游戏里的进度和目标。

二、信息层

接下来的问题是：我们针对感官层所做出的一个过于仓促的假设是什么？答案：玩家知道自己

在看什么。看和理解之间存在一些区别，这就把我们带到了游戏体验的信息层。在信息科学领域，人们会先接收数据，然后构建信息，接着产生他们能实际运用的知识，最后形成直觉智慧。

为了把数据转化为信息，我们必须先理解我们如何思考相关信息，并将注意力应用到其上。与这条思路相关的是认知心理学中有关注意力的研究，以及我们如何反馈并处理感官刺激。

三、交互层

为了理解信息空间，玩家需要理解信息是如何相互作用的。在数据—信息—知识—智慧的模型里，这一步就是数据生成信息的步骤，之后信息会转化为知识，让玩家做出决策和行动。这意味着玩家需要对游戏有一个可行的思维模型。通常来说，在事物的实际原理和玩家所理解的原理之间存在一条鸿沟。这涵盖了所有行为、物体、游戏空间的边界，以及更重要的是，玩家所理解的游戏可能性空间有多广、多深。当玩家刚开始玩游戏时，他们需要基于之前的知识来解读信息空间。当他们继续玩下去时，就会逐渐形成对当前游戏的更深入认识，最终抛开其他的游戏体验，完全理解这个游戏的可能性空间。

在电子游戏这种特定的交互之外，设计师还需要考虑人们会如何面对游戏的界面。好的交互设计具有五种特征：清晰的思维模型、反馈、易导航、一致性以及符合直觉。

四、框架层

游戏体验并非在真空中进行。它们是生活体验的一部分，受玩家此前所见所为的所有事情影响，同时也影响着玩家后续的生活。这就是我们所说的框架层。此前的生活体验都会影响玩游戏的过程，进而创造出一个玩家感知、体验和建立理解的框架。如果有人从未玩过电子游戏，他们可能需要一些帮助才能理解电子游戏的基本原理（比如按这个按钮，屏幕上的小人就会跳）；另一方面，如果有人玩过很多游戏，就不需要介绍基础知识了。

游戏是通过体验和参照物来阐释的，这些为我们理解游戏提供了框架。

五、目的层

这就把我们带到了五个层次的最后一个，也就是"为什么"这个问题。为什么玩家选择玩这个游戏？他们希望从中获得什么？他们实际获得了什么？玩家会带着各种目的进入游戏体验。在之前的三章里，我们花了很多时间从游戏设计的角度讨论游戏的目标。但是玩家也有自己的目标。存在四种核心的玩家类型：成就者、探险者、社交者和杀戮者。

理查德·巴特尔（Richard Bartle）是多用户游戏领域的先驱，是第一个多人参与的 MUD（Multi-user Dungeon，多用户迷宫）游戏的联合开发者。MUD 游戏让多个用户能够在同一个虚拟世界中一起探险，还能让用户与其他玩家进行互动。巴特尔和他的合作者们在创造 MUD 的过程中细分了玩家的行为，并以此启发设计师。他在 1996 年发表了一篇题为《牌上的花色——MUD 中的玩家》(*Hearts, Clubs, Diamonds, Spades: Players Who Suit MUDs*)的论文，将MUD游戏中玩家的行为分成了四个基本类别。

1. 成就型玩家（Achievers）

成就型玩家主要关注的是如何在游戏中取胜或达成某些特定目标，如提升游戏段位（见图4-2）。这些目标可能包括游戏本身设定的成就或者玩家自己制定的目标，比如："我要达到80级""我要在排行榜上名列前茅""我要挣到100万个金币"，或者"我要在3个小时之内只用这把刀把这个游戏打通关"……

RANKED 2019

图4-2　经典的成就——段位

2. 探索型玩家（Explorers）

探索型玩家尝试在虚拟世界的系统中探寻一切他们能找到的东西，比如玩《塞尔达：荒野之息》（见图4-3）。游戏设计师通常属于这一类型。收集爱好者也是探索型玩家中的一类。《口袋妖怪》（Pokemon）就是一个对探索型玩家很有吸引力的游戏——玩家不仅可以在地图上探险，感受虚拟世界的广度，而且其细致且透明的战斗机制对玩家而言也很有趣且易学，能让玩家对探索游戏机制产生极大的兴趣。那些在游戏中试图搜集所有可能获得物品的玩家都是典型的探索型玩家。

图4-3　《塞尔达：荒野之息》开放世界游戏

3. 社交型玩家（Socializers）

社交型玩家享受在游戏过程中与其他玩家互动，比如玩《摩尔庄园》（见图4-4）。除了人类与生俱来的社交本能，他们喜欢利用公会和团队的机制来进一步强化自身的社会存在感。

图4-4　《摩尔庄园》社交游戏

4. 杀手型玩家（Killers）

杀手型玩家喜欢将自己的意愿强加给他人。杀手型玩家又可分为两类：一类杀手型玩家在游戏中杀人是为了彰显自己的强大，而另一类玩家的目的是骚扰或激怒其他人，我们把这部分玩家称为"破坏者"（Griefers）。

巴特尔用两条轴线分出的4个象限来分析这4种不同的玩家（见图4-5、图4-6）。X轴从左至右分别标注为"玩家（Players）"和"世界（World）"，Y轴从下至上分别标注为"交互于（Inter-acting With）"和"作用于（Acting On）"。成就型玩家倾向于作用于世界，探索型玩家倾向于交互于世界，社交型玩家倾向于交互于其他玩家，杀手型玩家倾向于作用于其他玩家。

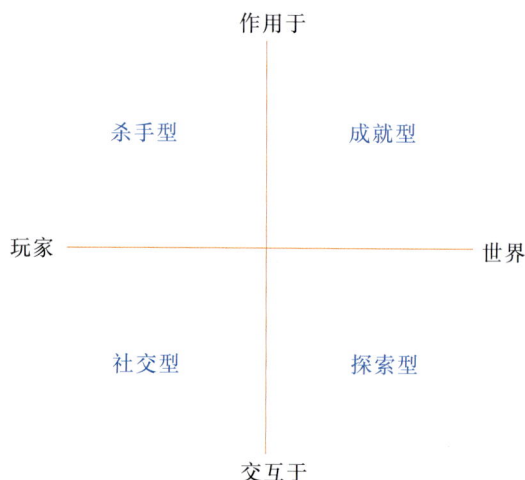

图4-5　四分类法则

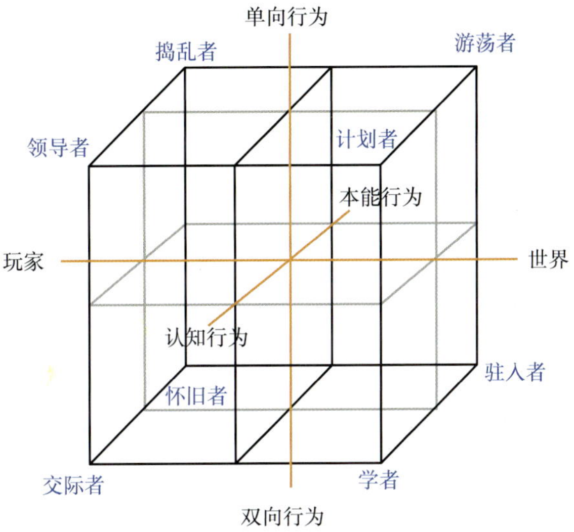

图 4-6　八分类法则

▶ 课后思考题 ◀

什么样的经历是你最想做成游戏的呢？

在构思一款新游戏时，往往从两个方面入手：改造一款现有产品或者全新创造一款产品。

这时候，确定游戏的核心通常是首要任务。一旦游戏核心被确立，将其融入简单的句子中就能形成游戏的简介。

▶ 课后练习 ◀

1.找一个简单的游戏来玩，比如井字棋或是滚球游戏。用行为理论思考你的游戏体验。

2.选一个电子游戏，思考一下改变玩家视角会产生什么效果。如果游戏是俯视视角，改成侧视视角会发生什么？把2D游戏改成3D游戏呢？

3.选一个游戏，思考你对该游戏玩法的思维模型。

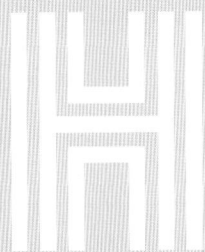

Hudong Youxi Sheji

第五章
迭代式游戏设计过程

教学目的：通过本章学习，解析游戏的核心内容及其基本组成要素，了解迭代设计的四大步骤。

教学要求：能够针对每个基本要素，深入研究和探讨其出现的时机与运用方式。

本章重点：游戏过程的本质；游戏的规则。

本章难点：理解并优化游戏。

第一节　MDA 模型

MDA（Mechanics，Dynamics，and Aesthetics）是一种用于分析和理解游戏设计的框架（见图5-1），该框架将游戏分解为以下三个核心要素。

（1）Mechanics（机制）：指游戏的核心规则和系统，是玩家与游戏交互的基础。它界定了玩家能够做什么、系统如何响应玩家的操作。对于桌游而言，这包括具体的游戏规则；对于电子游戏来说，它指的是游戏代码中如何处理玩家输入并给出反馈的规则。

（2）Dynamics（动态）：指玩家与游戏系统交互时，游戏机制在实际运作过程中产生的动态效果。它描述了玩家在游戏中的行为以及游戏如何对这些行为做出反应。动态是机制在实际运行中的体现，它受玩家选择和行为的影响。在一些游戏中，玩家行为可能出于策略，而在其他情况下，行为可能受情感或偶然因素驱动。

（3）Aesthetics（体验）：指玩家与游戏互动时所产生的情感和心理反应。这涵盖挑战、恐惧、紧张、幻想、社交等情绪体验。体验是游戏运行的结果，它反映了玩家与游戏之间的情感连接。

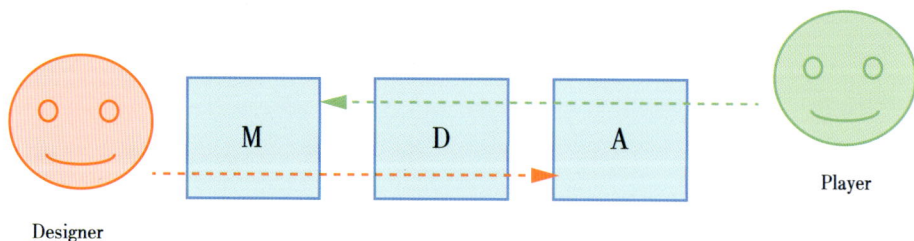

图5-1　MDA模型示意图

MDA的本质在于分析游戏如何借助机制引发动态表现，再通过这些动态营造独特的玩家体验。游戏设计师可运用MDA系统化地构建游戏的情感体验，明确想要达成的情感效果，并设计恰当的机制和游戏运行方式以实现这些目标。

<h1 align="center">第二节　迭代设计的四大步骤</h1>

一、概念

概念化始于在游戏设计过程中运用若干不同方法生成想法，并通过持续迭代的循环不断支持该设计。最重要的是要有一个核心想法，细节在这一阶段并非十分重要。

概念是一种设想，是关于如何做好游戏的一种理论。在我们之前的讨论中，游戏设计是打造游戏的"蓝图"。把概念转化为设计需要设计人员结构化自己的想法，以便其可用于制作原型，然后根据测试结果进行评估，最后再回过头审视最初的想法。从这里开始，整个过程循环回到概念化步骤，继续扩展、修订或完善游戏设计。

二、原型

迭代游戏设计过程的第二步是将游戏想法转化为一个原型。了解游戏的最佳方式就是开始制作它。游戏从纯粹的想法转变为原型越快，其能产生的游玩体验就会展现得越清晰。原型设计最重要的是将第一步中的"如果……会怎样"这类问题，或一堆这样的问题，汇聚成一种可感知的事物。世界上有多种不同类型的原型，每种原型适用于不同阶段、不同问题。最重要的是，原型制作得越快，游戏设计就能越快成型。

1. 纸原型

纸原型是最抽象的原型。从不代表具体事物的意义上来说，它们不一定抽象，而是在非常严谨且高层次的意义上，以简化形式表示游戏。如果你正在设计一款电子游戏，纸原型可以有点像假装用小剪纸来模拟电子游戏——这是纸原型在大部分时间里要做的事。纸原型通常是让游戏概念获得具体形式的第一步。有时它们涉及示意图，有时是剪纸，有时还会使用小纸片、标志和其他小物体（见图5-2）。纸原型的主要目标是开始观察游戏，即便它并非真正可用来玩。

图 5-2　纸原型材料

2. 物理原型

物理原型旨在捕捉游戏动作的表现方式，而非试图呈现游戏在屏幕上的视觉效果，就像我们使用纸原型时所做的那样，物理原型旨在快速迭代出玩游戏的感觉。物理原型可以模拟游戏的动力学特性。它们还能模拟玩家在游戏规则下的参与方式，尤其是当游戏包含基于技能的挑战或涉及空间移动的挑战时。物理原型以及在各种游戏节上的测试，催生了一个打磨精细、强调深层次策略的游戏。

3. 可玩原型

可玩原型通常是首个数字化原型，甚至可能成为最终游戏的基础。早期的可玩原型旨在模拟玩家将要参与的核心游戏活动。关键在于保持其粗糙和简陋，因为寻找最快的方式将理念实体化同样是可玩原型的目标。

4. 美术和声音原型

美术和声音原型可以同步开发，以探索围绕游戏的视觉和听觉理念。这些更类似于在平面设计、应用程序开发和动画中采用的传统美术方向方法。美术原型专注于调色板、排版、插图或建模风格等方面。通常，团队中有一名成员负责制作可玩原型，而其他成员则负责制作美术原型（见图5-3）。美术原型还可以包含一些动画，甚至一些交互元素，以便你能在游戏中感受视觉风格带来的体验。

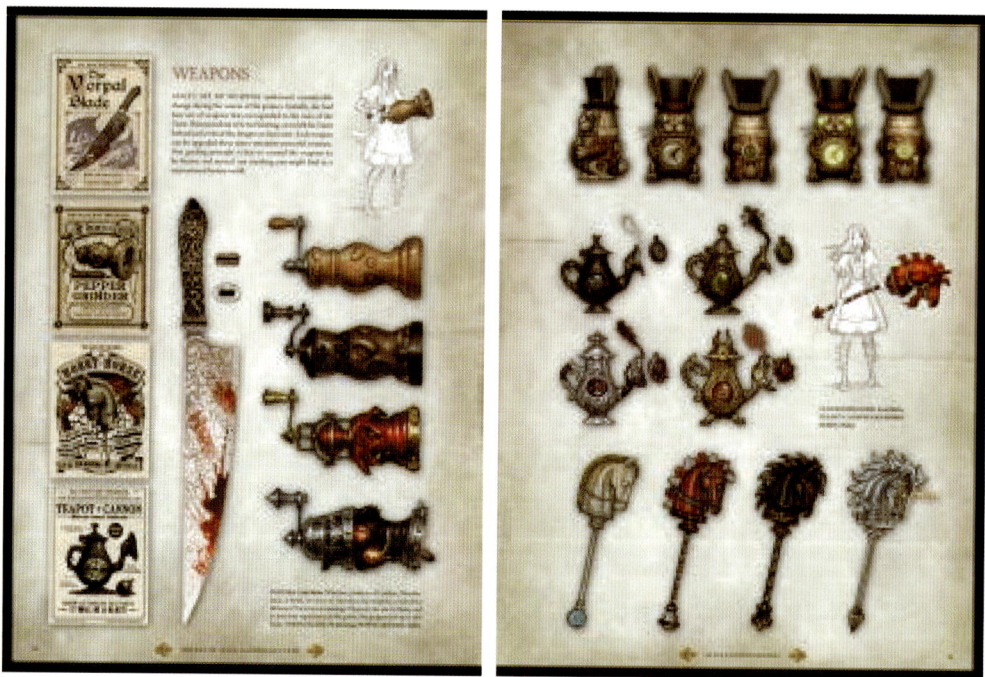

图5-3 《爱丽丝：疯狂回归》美术原型

声音和音乐深刻影响着游戏的情绪氛围，因此将它们纳入游戏设计早期阶段，而非事后考虑，十分重要。声音能让游戏鲜活起来，所以将其融入可玩原型中能真正改变游戏测试者的反馈。

5. 界面原型

界面原型旨在解决玩家与游戏的交互方式问题（见图5-4）。界面原型将探索玩家如何直接参与游戏的相关理念。界面原型不一定涉及任何编程内容。它们可通过使用图像编辑软件或演示软件简单创建，以便了解界面组件及其工作原理。

图5-4　《风暴英雄》游戏战斗界面

6. 代码/技术原型

许多技术原型揭示了该技术的优势和弱点，并通过该技术能力的局限来帮助指导游戏设计。就游戏构建的核心技术方面而言：使用动态捕捉技术（见图5-5）定位玩家身体位置，并将其与屏幕上的角色相匹配。有了可玩的游戏原型后，确定角色身体位置，并将数据传输到游戏中的一个角色模型上。技术原型并不完全涵盖所有场景和实际游戏逻辑，但它确实包含匹配姿势与身体位置的核心游戏玩法。

图5-5　动态捕捉技术

技术和代码原型也能帮助我们学习使用最合适的游戏引擎，或为游戏选用正确的输入设备或动作元素。在某些情况下，游戏可能会采用一种新的或大家不熟悉的技术。在这种情况下，尽早尝试它并判断其是否适合游戏最为关键。测试这些技术，看看它们的能力和局限将如何影响游戏玩法——数字化游戏设计就是在技术前沿和设计师的想象力之间不断交替推进。

7. 游戏核心原型

一旦事情开始围绕可玩原型整合起来，就到了向游戏核心原型迈进的时候了：这是一个包含核心游戏体验的原型。在这个阶段，添加一些基本的美术和声音设计有助于确定如何将它们融入游戏体验。此外，也到了添加一些粗略的游戏内容、文案以及任何游戏介绍流程或教程元素的时候了。这也意味着，一旦你的团队处理了来自玩家的反馈，就需要创建额外的游戏核心原型。确定合适的原型，以推动游戏朝着完整设计发展十分重要。这通常意味着要创建额外的可玩美术和代码原型，来充实游戏核心原型。

8. 完全游戏原型

经过几轮游戏核心原型制作和游戏测试之后，你可能就要准备开始制作一个完全游戏原型。一个完全游戏原型涵盖游戏的所有方面：菜单、开始界面、游戏世界中的所有动作和物体，以及游戏能够从头玩到尾的流程。对于其他类型的原型，我们强调快速制作且不完美的原型。对于完全游戏原型，同样要快速制作，并且要记住，在达到产品阶段前，它也不需要那么完美。也就是说，关注之前制作的原型整合后会发生什么情况，比只想着把游戏完成更有帮助。

三、测试

游戏测试通常是迭代式游戏设计过程中最具挑战性且最为显眼的部分。游戏设计过程中有六种游戏测试类型：内部游戏测试、开发者游戏测试、朋友和家人游戏测试、目标受众游戏测试、新玩家游戏测试和老玩家游戏测试。

1. 内部游戏测试

内部游戏测试有两种形式：一是为了快速循环和团队复查，二是作为一种确保原型准备好供团队外人员测试的方式。作为设计师，任何时候产生关于游戏的设计问题，通过游戏测试总能找到合适的答案。即便是对用于研究美术、声音、代码和界面的原型，也有进行游戏测试的空间。内部游戏测试从我们甚至不认为那是游戏测试的时候就开始了；每一次制作原型时的代码测试，其实也是一次内部游戏测试。

内部测试的另一种形式出现在核心和完全原型阶段。在请他人花时间进行游戏测试前，确保原型的各项功能运转正常十分重要。在不涉及团队外人员测试时，常能捕捉到一些 bug 和基本的游戏玩法问题。

2. 开发者游戏测试

游戏开发人员是懂得游戏设计过程的人。这种游戏测试可发生在游戏设计过程的任何阶段，无论原型是用于探索理念还是玩法。这是获取针对性反馈并从问题中提炼理念的最佳方法之一。在考虑开发者测试后的反馈时，游戏的设计价值十分重要，因为这些反馈能帮助团队保持高效，并筛选出对游戏设计有积极作用的反馈。游戏开发者是出色的游戏测试人员，因为他们有丰富的游戏经验，能够给出详细反馈。

3. 朋友和家人游戏测试

团队愿意将还在制作中的游戏分享给他人，他们很乐意看到他人如何评价你的游戏。但要明白，那些友善的面孔和悦耳的话语……你的朋友和家人希望你成功，所以他们只会对你的游戏说好话。在朋友和家人游戏测试中，人们的行为和表现比他们所说的话更重要，因此要密切关注他们在游戏中的行为，观察他们在哪里获得最多乐趣，在哪里遇到麻烦。同时，观察他们的面部表情——这些通常比他们不得不说的话更可信、更有用。

4. 目标受众游戏测试

一旦游戏设计推进到游戏核心和完全游戏原型阶段，就该引入更广泛的测试者了。在这种情况下，找到对游戏一无所知或仅有限了解，且最重要的是属于游戏目标受众人群的人会很有帮助。那些享受游戏所带来体验的人，将帮助你了解游戏设计是否创造了预期的游戏体验。

5. 新玩家游戏测试

新玩家游戏测试涉及刚接触游戏的人。他们是核心游戏和完全游戏测试的最佳人选，有助于我们观察新玩家将如何学会玩游戏并从中获得乐趣。举行五到七次该测试以获取玩家全方位的反馈很重要。少于五次，可能会遗漏某些方面；超过七次，则没必要在这个测试上花费过多时间。同时要记住，新玩家的"新"只是暂时的，这意味着你需要不断寻找新玩家进行测试。

6. 老玩家游戏测试

老玩家游戏测试是指游戏测试者长时间玩一个原型。长期游戏测试非常有助于深入了解游戏设计如何转化为游戏体验。这种长期测试还能显示游戏的变化如何影响体验，因为这些玩家可能会参与游戏开发的各个阶段。老玩家游戏测试可以从有可玩原型时开始，并且为了使老玩家更高效，他们还应参与完全游戏原型的测试，因为这些测试者需要提供关于整个体验的反馈。

无论进行何种游戏测试，最重要的事情是记录结果。无论是简单列出玩家的评论，还是记录设计师观察到的问题，重要的是记录游戏测试的结果，以助力迭代游戏设计过程的下一步：评估。

四、评估

评估一个游戏测试结果的诀窍是观察玩家做了什么、说了什么，并确定这些反馈需要如何用于改变游戏设计。当你已经到达迭代过程的最后一步，你将回到我们在概念化阶段开始时同样的问题。作为一名游戏设计师，最大的职责并非立刻想出完美的想法。游戏设计的真正挑战是密切关注其他人如何与游戏原型互动，然后将这些反馈转化为设计修订，以便在下一次原型中进行尝试。

复查游戏测试的结果，可单独复查后集体讨论，也可集体复查并讨论。把从游戏测试中得到的反馈和观察结果拆解为游戏中的优点与不足，分析其设计以及在原型中是如何实现的。评估游戏测试反馈的一个重要方面是了解被观察时刻的背景。有时了解游戏中的具体时刻很重要，比如玩家是否在试图实现特定目标，他们在游戏中是否正处于特别具有挑战性的时刻。其他时候，问题可能出现在游戏尚未实现的方面，例如美术方面尚未完成时有人抱怨游戏看起来很平淡。

如果玩家不知道如何使用特定动作，是否因为控制方案未作解释？游戏是否未能提供期望的体验？还是动作会以意想不到的方式运行？尝试找出产生这些原型反馈的根本原因。复查游戏测试阶段最重要的事情是就游戏测试揭示了游戏设计的哪些内容达成共识。把自己想象成一位游戏设计的医生，从设计角度考虑这些反馈有多种方法，但最重要的是，考虑它与你的设计价值的关系。

需要考虑的内容：评估的目标是思考玩家是否能获得预期的游戏体验，因此需要将基本游戏设计工具的实现与玩家和游戏互动的机制相结合。在对原型和游戏测试进行评估时，思考其中每一个方面都至关重要。在开始评估之前，回顾游戏的设计动机和相关设计价值非常重要，这有助于团队专注于对游戏测试的评价。

在评估游戏设计时，需要关注以下关键方面：

（1）动作：玩家在游戏中是否清楚自己可以做什么和不能做什么？控制器是否直观、易于学习和掌握？玩家是否可以通过不同动作组合开发技能？

（2）目标：玩家是否明白游戏目标？他们是否能自己创造新目标？游戏如何与玩家交流目标？目标是否得到动作、物体、游戏空间、故事等元素的支持？

（3）挑战：游戏是否提供了适当难度或可调节难度？游戏是否与玩家持续互动？挑战是否源于游戏体验中的元素？

（4）信息空间：玩家是否能理解游戏提供的信息？游戏体验的节奏是否能提供适量信息？是否有信息缺失导致玩家错过关键信息？

（5）反馈：玩家动作和游戏反馈之间的循环是否清晰？玩家是否能自信地解释他们采取动作的结果？

（6）做决定：玩家是否能决定如何追求目标和寻找何种体验？

（7）玩家印象：游戏空间是否与预期的游戏体验相匹配？

（8）游戏环境：游戏进行时的环境是否会影响玩家体验？例如，时间、外部事物等如何影响游戏体验？

（9）问题诊断：游戏是否传达了预期的信息、概念或体验？

（10）情绪：游戏体验中会产生何种情绪？这些情绪是否与预期相符？

游戏设计评估是一个综合性的过程，需要考虑多个方面，确保设计价值能转化为玩家获得预期的游戏体验。评估的目标是为游戏的进一步优化和改进提供有针对性的指导，确保玩家在游戏中获得愉悦、有意义的体验。

课后思考题

什么样的经历，是你最想做成游戏的呢？

在构思一个新游戏时，往往从两个方面着手：改造一款现有产品或者全新创造一款产品。

这时候，确定游戏的核心通常是首要任务。一旦游戏核心确立，将其融入简单的句子中就能形成游戏的简介。请思考以下要点，这有助于你寻找游戏创意。

课后练习

一　单选题

1.下列哪个职位不属于游戏公司的产品开发部门？

A.策划　　　　　　　B.运营　　　　　　　C.美术　　　　　　　D.程序

2.与桌游相比，下列哪些乐趣是电子游戏独有的？

A.布置　　　　　　　B.随机性　　　　　　C.物理　　　　　　　D.社交

二　简答题

1.在游戏项目制作过程中，每个人都有自己的岗位。

在纸原型游戏项目制作中，你的小组名称是什么？你担任什么岗位？

2.在30分钟内设计一个游戏，你可以使用自己的身体和房间里的任何东西。你必须迅速想出一个想法，制作原型，测试，然后优化它。记下过程中的每个步骤。30分钟后，记下你游戏的规则，把它们交给另外两个测试玩家。看他们是如何解释规则的？他们发现了关于游戏的什么新东西吗？他们使用了任何可能破坏游戏或指向新方向的策略吗？

第六章

设计价值

教学目的： 通过案例解说让学生理解设计价值是游戏设计师想要赋予游戏的品质和特征，以及给游戏带来的体验。

教学要求： 掌握设计价值的基本问题，以及心流理论在游戏设计中的作用。

本章重点： 设计价值的基本问题。

本章难点： "心流"理论。

第一节　设计价值的基本问题

创造设计价值是一个确定游戏重要方面的过程，其中包括游戏提供的体验、游戏的受众、为玩家带来的意义以及游戏所面临的约束等。在确定设计价值时，通常会通过提出一系列问题来开启，这些问题涉及游戏的核心元素和目标。以下是在建立游戏的设计价值时可能会讨论的一些问题。

1. 体验

玩家在游戏中要做什么？如何让玩家在游戏过程中在身体和情感上产生变化？设计师需要思考如何提供丰富而有趣的游戏体验。

2. 主题

游戏的核心主题是什么？如何将主题呈现给玩家？玩家在游戏中会接触到什么概念、观点或经验？设计师需要考虑如何通过故事、系统建模或隐喻来传达主题。

3. 观点

玩家在游戏中会看到、听到或感受到什么？游戏的视觉和听觉风格是如何呈现的？设计师需要思考游戏的艺术风格和文化参考点。

4. 挑战

游戏中存在哪些挑战？这些挑战是心理层面的、生理层面的，还是与主题或问题相关的？设计师需要确定游戏中的挑战程度。

5. 决策

玩家在游戏中如何做出决策？设计师需要考虑如何呈现决策，并确保它们对游戏进程产生影响。

6. 技能、策略、机会和不确定性

游戏要求玩家具备什么样的技能？策略对于丰富游戏体验是否重要？是否会引入机会因素？不确定性是如何产生的？

7. 背景

玩家是谁？他们是在何处接触到这个游戏的？他们是如何发现这个游戏的？他们什么时候玩？设计师需要了解目标受众，并根据受众特点调整游戏设计。

8. 情绪

玩家在游戏中会产生什么样的情绪？设计师需要考虑游戏中的情感表达，以及如何激发玩家的情绪体验。

创造设计价值需要综合考虑游戏的多个方面，确保游戏能为玩家提供满意、愉悦且具有意义的体验。通过深入思考这些问题，游戏设计师可以更好地塑造游戏，让玩家在其中获得丰富、有趣且情感充沛的体验。

第二节　"心流"理论

心流（Flow）是由心理学家米哈里·契克森米哈赖（Mihaly Csikszentmihalyi）提出的概念，指的是一种完全投入在某种活动中的心理状态（见图6-1）。在心流状态下，人们会全神贯注于当前的活动，心无旁骛，感觉时间似乎在流逝中悄然溜走，而对任务的完成和绩效表现却异常高效。心流状态下的体验极为愉悦和充实，因为在这种状态下，个体感到与任务完美融合，几乎毫不费力地达到了最佳表现。

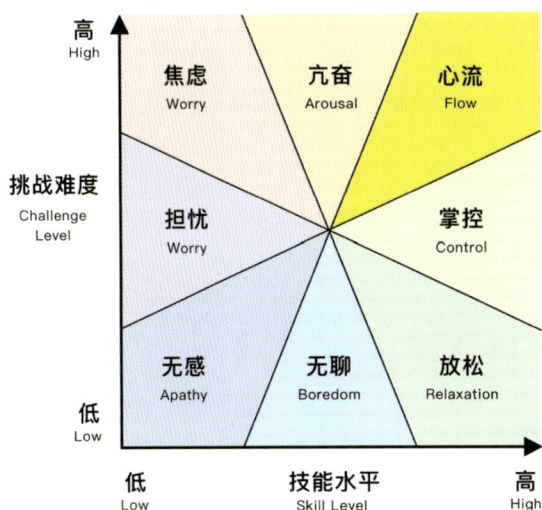

图6-1　心流状态图

心流的特征包括以下几个方面。

1. 高度专注

在心流状态下，人们会全神贯注于当前活动，将注意力紧密聚焦在任务上，忘却其他杂念和外部干扰。

2. 目标清晰

心流状态下的活动具有明确的目标且富有挑战性，这使人们能对任务完成情况有清晰的认知和掌控感。

3. 自主感

在心流状态中，个体感到自己拥有一定的控制权和自主性，能够自主选择行动并采取策略。

4. 时间流逝感

在心流状态下，时间似乎变得模糊，人们往往会觉得时光飞逝，很难察觉到时间的流逝。

5. 即时反馈

心流状态下的活动通常会提供及时的反馈，让人们对自己的表现有直观的认识。

6. 持续挑战

心流状态下的任务通常具有适度的挑战性，能激发个体的兴趣和动力，又不会过于困难而导致挫败感。

心流状态的产生还与神经化学物质有关。在心流状态下，大脑会释放多巴胺等神经递质，这些化学物质会带来愉悦和满足感，增强个体对当前活动的积极体验。因此，心流不仅使人们在认知和执行任务时更高效，而且在情感上也能获得积极体验，增强对活动的投入和参与度。心流状态通常在需要高度专注和挑战性的活动中出现，比如艺术创作、运动竞技、学术研究等。这种状态对于个人的成长和发展具有重要意义，因为它不仅能提高绩效，还能带来更深层次的满足感和快乐，让人们更愿意投入时间和精力去追求自己的兴趣和目标。因此，心流状态成为许多人追求的理想心理状态，也是提高生产力和创造力的重要途径。

第三节　案例研究：《风之旅人》游戏

《风之旅人》游戏（见图6-2）源自公司共同创始人和创意总监陈星汉在加州大学读互动媒体和

游戏专业研究生期间的一个想法。他当时玩了大量多人在线游戏，却越来越不满于无法在情感层面与其他玩家真正建立连接。在2013年游戏开发者大会上关于《风之旅人》游戏设计的演讲中，他描述了设计这款游戏时的目标，即让玩家感到"孤独、渺小，以及产生巨大的敬畏感"。这就是一个设计价值：让玩家在游戏过程中产生这些感受。游戏涉及多人合作（在《风之旅人》中是两个玩家），这催生了游戏的第二个设计价值——能够与另一个玩家共享情感反应，并通过这种分享行为增强整体的情绪感染力。

图6-2　《风之旅人》游戏截图

除了这些最初的兴趣，游戏的设计还受到其他因素的影响。《风之旅人》的设计价值受到索尼公司的一些制约，要求开发一款单人游戏，这影响了游戏的多人机制。它被设计成无缝衔接的，而且游戏体验实际上并不依赖其他玩家在线并和你一起玩。其他玩家就像世界里的自然事件一样出现和消失。而且，创造一款在客厅里玩的游戏，其体验相较于在等公交车时用手机玩的游戏，会更富有电影感、更让人身临其境，所以平台提前就确定了视觉风格和游戏玩法。

《风之旅人》的另一个设计价值与游戏体验的情感和叙事弧线有关。其灵感来自约瑟夫·坎贝尔关于"英雄之旅"的研究，这是一个建立在戏剧和电影通用的三幕结构基础上的故事框架。陈星汉和他的团队从创造一个在字面和情感上都遵循传统三幕结构叙事弧线的场景入手，旨在创造一段玩家情感流动的旅程，从感受自由、敬畏和关联，到陷入被困、害怕和孤独的低谷，最后以决心收尾。

在设计过程中，设计团队前往沙丘参观以获取构建游戏环境的灵感。在那里，他们注意到在沙子上滑动是多么令人愉悦，以及爬上高沙丘时对顶部景象的期待。这催生了在沙子上滑动的想法，玩家可以用优雅的动作在沙丘间上下穿梭。这个动作很好地契合了最初的设计价值，当玩家穿越环境时，能创造一种敬畏感，让玩家感觉真实——但比现实更美好。因为在真正的沙丘上，除非你有一个雪橇，否则几乎不可能直直地滑下去——但在《风之旅人》里，玩家几乎像是在沙海中冲浪。

为了实现所有这些目标，团队必须解决一系列关于玩家期望和多人游戏惯例的问题。在早期的原型中，游戏中的谜题包括堆叠冰砾，或在障碍物上相互牵引。最终目的是创建一个鼓励合作的多人游戏环境。然而，在游戏测试时，制作团队观察到玩家会互相推挤以争夺资源。他们很快意识到，游戏中允许的这些行为以及玩家获得的反馈，都与他们希望鼓励的合作精神相悖。因此，他们设计了一个解决方案，让玩家既能像独自一人时一样完成旅程，又能平等地获取资源，同时几乎不影响另一个玩家享受游戏的能力。当玩家倾向于使用游戏中的聊天功能欺负别人或以不可接受的方式行事时，制作团队必须做出一些艰难的决定，即如何在支持玩家沟通的同时防止玩家互相虐待。这意味着删除"聊天"功能，并用单一的音符来替代。所有这些决定都是在追求有意义的连接和敬畏感这一设计价值下做出的。

课后思考题

选择一个你喜欢的游戏，思考这个游戏是如何运用主题和进行故事讲述的。主题和剧情与玩家玩游戏的方式有什么关系？

主题：体现游戏运行时的逻辑框架。

讲故事：一系列塑造玩家体验的工具，借鉴自传统的叙事结构。

课后练习

一 多选题

1.为了让游戏达到更深层次的沉浸感，我们需要_____。

A.最大幅度减少干扰

B.大力发展人工智能

C.用VR头盔增强感官体验

D.构建更逼真的世界

2.下列哪些游戏元素能够促进多巴胺的分泌？

A.经验值　　　　　B.过场动画　　　　　C.排行榜　　　　　D.装备

二 简答题

找一个游戏，然后对它的设计价值进行"逆向工程"。

注意：这个游戏让你产生了什么样的感觉，以及想象一下设计师是如何在设计价值中捕捉到这些感觉的。用本章里列出的设计价值作为参考。

第七章
游戏策划书

教学目的：通过本章的学习，熟练掌握游戏设计不同阶段策划文档的基本框架，具备撰写文档基本内容的能力。

教学要求：掌握撰写概念设计文档的内容；掌握撰写游戏脚本的内容。

本章重点：特色导向设计文档所包含的内容；游戏论述文档所描述的内容。

本章难点：游戏设计脚本的主要内容。

如果在迭代游戏设计过程中，所发生的一切仅仅是字面意义上的概念化、原型设计、游戏测试和评估，这个过程常常会导致混乱和绝望。团队成员最终可能对游戏产生不同的理解，任务可能需要进行返工，甚至根本无法完成。为保持大家意见统一，我们采用三种相互关联的记录方法：设计文档、原理图和跟踪电子表格。每种方法在迭代的游戏设计过程中都扮演着不同的角色。设计文档作为游戏设计的概述，包含设计值等指导要素；原理图就像蓝图一样，展示游戏的基本架构，帮助解释游戏玩起来是什么样的以及需要构建的内容；跟踪电子表格就像待办事项清单，指导团队完成制作原型和运行测试的任务。

第一节　游戏设计文档

一、游戏设计文档与电影脚本

游戏设计文档的主要作用是帮助游戏设计师梳理想法、灵感，并将设计价值转化为更具结构化的设计方案（见图7-1）。设计文档记录决策，并将它们转化为游戏设计的具体计划，以便为团队中的每个人提供参考。没有游戏设计文档，执行迭代设计流程可能会令人困惑，且难以把握具体情况。团队，甚至独自工作的游戏制作者，也只能依靠记忆，甚至是在瞬时刺激下产生的看似优秀却未经充分探索的想法。

图7-1　优秀的影视IP

　　许多人认为游戏设计文档是一本穷尽游戏每一个细节的500页大文档。如果一个庞大的团队正在开发一款大规模的游戏，也许确实如此，但对于许多独立游戏而言，文档可能不会超过10~20页。确定记录一个游戏设计细节的程度可能需要一定时间（见图7-2）。特别是在团队合作时，起初记录更多细节可能会更好，然而当团队开始理解这款游戏并形成开发组的工作风格时，所需记录的细节程度就会逐渐清晰起来。

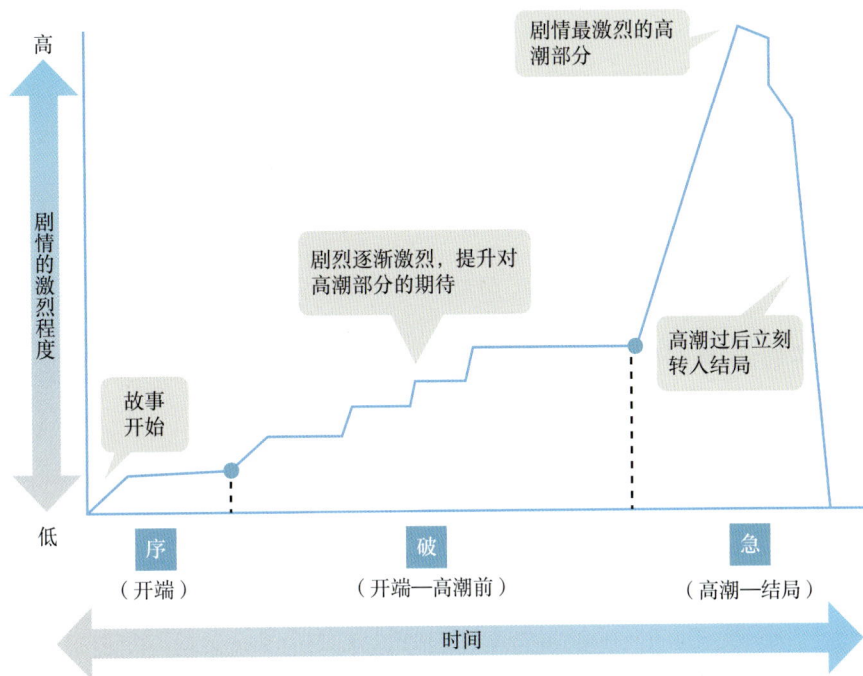

图 7-2　游戏故事的起承转合

　　游戏设计文档与电影脚本有许多共同点。对于许多电影制作人来说，脚本是制作电影的"剧本"（见图7-3、图7-4）。它包括场景的描述、对话、情境提示，以及关于角色情绪和动机的信息。没有脚本，电影工作人员将不得不自己梳理要拍摄的内容，而演员将不得不猜测他们在给定场景中应该做什么。游戏设计文档在引导游戏设计以及其原型的设计要素方面扮演了相似的角色。

图 7-3　小说的写作格式

※ 画面全黑。▼

我做了一个梦。▼

※ 显示一个夜晚的房间。

我抱臂坐在枕边。▼
被窝里仰面躺着一个女人。▼

※ 显示仰面躺着的女人。

她平静地说。▼
女：我就要死了。▼

※ 音乐响起。

女人一头长发铺散在枕上。轮廓柔婉的瓜子脸卧于其中。▼

雪白的脸颊中恰到好处地透着温温血色。嘴唇自然也是鲜红。▼

怎么看都不像将死之人。▼

然而，她刚刚却用平静的语调断然说着自己死期将至。我也对此毫不怀疑。▼

我探过身子，低头俯视着她，问：▼

※ 显示女人脸部的俯视照。眼睛闭着。

男：是吗，就要死了吗？▼

※ 女人睁开眼睛的动画。女人的眼睛大而莹润，两排长睫毛之间一团漆黑。

女：当然。▼

那是一双莹润的大眼睛，两排长睫毛之间一团漆黑。▼
漆黑的眸子中鲜明地映出了我的样貌。▼

图7-4　游戏剧本的写作格式

二、软件需求的示例页

将设计文档想象为动态文档。每次团队通过迭代循环时，重要的是返回设计文档对其进行更新，确保它反映对游戏的当前理解。这可能会导致添加新的部分，大幅修改甚至丢弃文档的其他部分。不过，最重要的是更新文档。这看起来是一个耗时的过程，有时确实如此，但它仍然非常重要，特别是对于更复杂的游戏或大团队制作的游戏。

游戏设计文档没有"一刀切"的解决方案，因为游戏有不同的侧重点和需求。有时，游戏可能需要更像电影脚本（特别是故事驱动且对话频繁的游戏），而在其他情况下，类似系统驱动的软件需求规范方法则更有帮助。在多数情况下，特别是在设计过程的早期，团队会设法让游戏设计文档包含以下一些基本要素。

（1）工作标题：即使你还不确定标题，也可以用某个名字来称呼它。如果打算发行游戏，它必须是一个能通过在线搜索找到且唯一的名称，如果它是一个商业标题，应该可用于商标注册。

（2）游戏体验描述：这是一个描述游戏基本元素的段落和引言，是用能让不熟悉游戏的人理解的语言编写的。在哪里玩游戏、怎么玩、游戏是什么，以及游戏体验如何？

（3）目标：对游戏目标的简要描述。玩家在游戏中试图达成什么结果？可能是一个零和结果（胜者获得一切），也可能是一个合作结果，或者它可能是一个纯粹的体验结果。无论哪种情况，这都是指导游戏设计的重要组成部分。

（4）基本元素：这是对游戏中重要元素的概述。把它想象成对系统对象的描述，或游戏中的"运动部件"的描述。创建一个有助于理解可视化元素之间关系的系统图表会更有意义。

（5）设计价值的注释列表：注释的设计值列表是体现和分享你所有设计价值的地方。

（6）界面和控件：这些是玩家在屏幕上看到的图形，以及如何组织和呈现信息，还有玩家如何与游戏互动。这可能包括本章后面的原理图。

（7）游戏流程：这是一张流程图表，它展示了玩家如何在游戏体验中移动的一系列步骤。

（8）关卡设计：如果游戏有关卡，相关信息也应包含在内，每个关卡都应该有一个概括描述以及带有注释的关卡图表。

（9）艺术方向：游戏的"外观、感觉和声音"。这可能是一个包含注释照片和声音参考的情绪板，之后它将包括概念艺术和样本音频。最终，它将反映游戏的最终视觉和音频风格。

（10）技术概述：对于一些更有野心的游戏，技术概述是一个思考游戏如何制作的有用工具。这可能不会在一开始就形成，直到进入设计过程时才会确定。

第二节　原　理　图

游戏设计文档专注于对游戏设计进行详细描述，而原理图则通过图像使该设计可视化。通常，这些会与游戏设计文档相互配合，在某些情况下，原理图会包含在文档中，甚至替代文档中的部分内容。原理图的目标是作为游戏设计的框架、故事板和蓝图，展示游戏将如何运作，即便只是以抽象、粗略的形式呈现。

游戏设计原理图类似于以用户为中心设计的网站、应用和软件的相关框架。框架使用简单的几何形状和文本来显示在任何时候都应出现在屏幕上的元素。设计更优的框架还能展示用户在使用网站、应用和软件的过程中如何操作。早期，它们展示在任何给定时刻屏幕上应出现的内容。随着时间的推移，它们开始反映游戏中核心接口元素的构成。后来，它们指引游戏进程中将发生的情况。

这引出了一个关于为游戏制作框架的重要问题——由于游戏状态会不断根据玩家的体验进行微调、改变，游戏设计师如何确定应展示什么内容？对于这个问题，没有一刀切的答案，但一般准则是要反映基本要素的关键变化。所以，在我们的《和尘：溯回》案例中，框架中应当呈现如图7-5所示的内容。

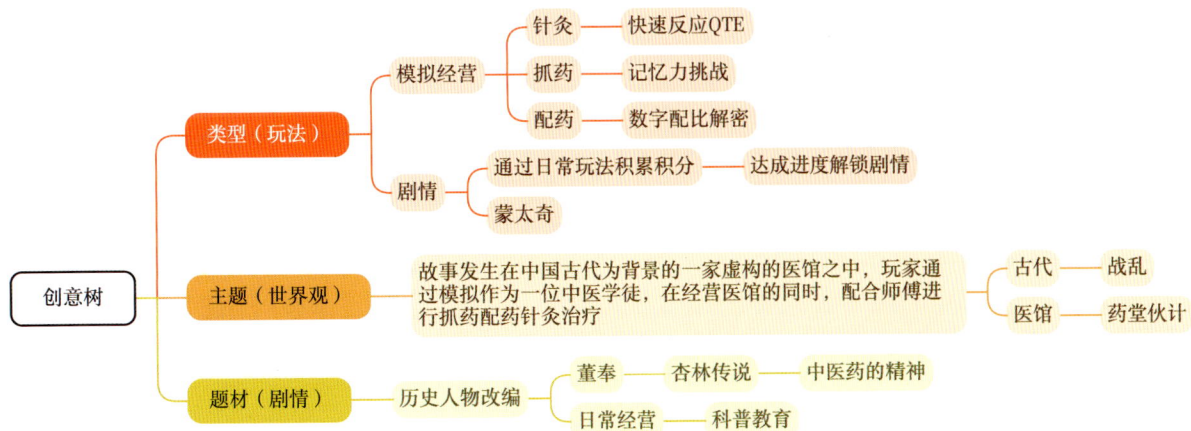

图7-5　游戏原理图

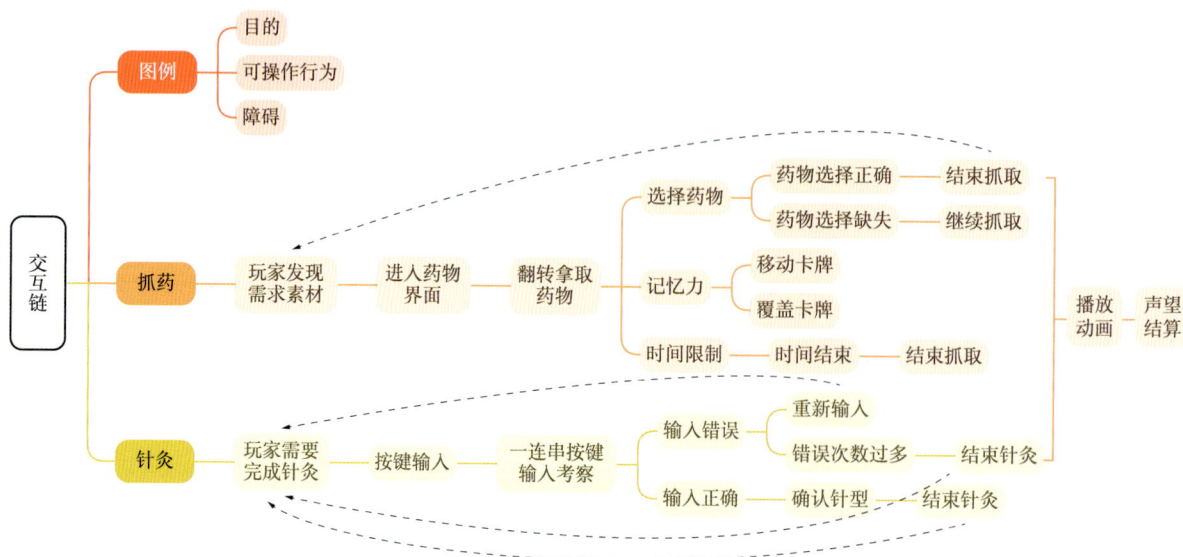

续图 7-5

原理图也可以像建筑蓝图一样发挥作用。蓝图是搭建建筑物基础的超详细计划。除了规模和材料的细节之外，蓝图还包括水电基础设施的集成信息。蓝图用于帮助建筑师和工程师交流建筑物应如何搭建，以及施工队如何承担实际施工建造工作。这类详细的图纸在游戏设计中也非常有用，尤其是在设计过程进行到一定程度之后。原理图可以表示诸如对象的基本相互作用，或界面元素的具体像素尺寸，以及其他团队需要了解的重要细节。

第三节　追踪电子表格

虽然游戏的迭代设计过程提供了一个总体的游戏设计方法论，但仍有许多问题需要厘清，这些问题围绕着大里程碑和团队从概念到原型、到试玩、到评估再循环往复过程中完成的每日任务这两个主题。在我们自己的游戏设计实践中，跟踪电子表格特别有用。跟踪电子表格的一大额外价值在于它对所有人都可见，只要我们把它存放在一个运用云技术的存储空间里。

为了跟进项目的进展，我们使用一个包含六张表的电子表格文件：概况、待议、任务清单、现有职责、素材表以及已完成任务。这个文件使我们的工作进展结构化，还有一个额外优势——为我们的会议提供议程，让一切顺利推进而不偏离正轨。

课后扩展

"石头剪刀布"或者"猜硬币"的规则

从很大程度上讲，"石头剪刀布"和"猜硬币"并非有趣的游戏。它们虽具备游戏的一切特征，即规则加反馈，但在大多数情况下，我们仅在需要确定谁去做某件事时才会使用它们。这是一道相对综合的讨论思考题，请大家运用之前学到的知识，改造这两款游戏中的任意一款，让它们变得更好玩、更有意思。

课后练习

多选题

1.下面元素中，能影响游戏故事情节发展的是＿＿＿＿＿＿。

A.关卡　　　　　　B.玩家操作　　　　　C.游戏类型　　　　　D.经验值

2.下面哪些场合可以运用交互式故事叙述？

A.戏剧演出　　　　B.游戏产品　　　　　C.交互式电影　　　　D.观展路线

3.游戏中，下列哪些方法可以改变故事顺序？

A.任务　　　　　　B.关卡目标　　　　　C.障碍物　　　　　　D.高等级怪兽

4.游戏事件分为突发事件和连续事件，以下描述正确的是＿＿＿＿＿＿。

A.良好的规则设计有利于突发事件的产生

B.良好的故事设计有利于突发事件的产生

C.良好的规则设计有利于连续事件的产生

D.良好的故事设计有利于连续事件的产生

第八章
游戏角色设计

教学目的：游戏角色设计是游戏前期设计的关键环节，此环节需确定一款游戏的美术风格，并为后期的游戏美术制作提供依据。

教学要求：原画师要能根据游戏策划的需求，把自己的设计想法清晰、准确地表达出来。

本章重点：了解游戏原画的基本知识，以及角色设计的基本规律和创作特点。

本章难点：角色的创作与绘制。

第一节　游戏美术分工

游戏原画承担了将游戏企划中抽象的想法具象化为可视的人物、场景的任务，为大家搭建起一个具体的视觉框架，迈出游戏图像化的第一步。它统一大家的认知，确定设计方向，明确表现风格，并落实到制作环节，贯穿产品始终。其工作职责是在游戏公司中负责游戏世界里一切角色、场景、道具的造型设计。在工作中，需要根据游戏策划提出的要求，创造出合适的角色或物体，并绘制出专业的设计稿提供给3D美术部门。除此之外，游戏原画美术人员也经常会负责一些游戏界面设计、游戏宣传插画绘制、材质绘制等工作（见图8-1、图8-2）。

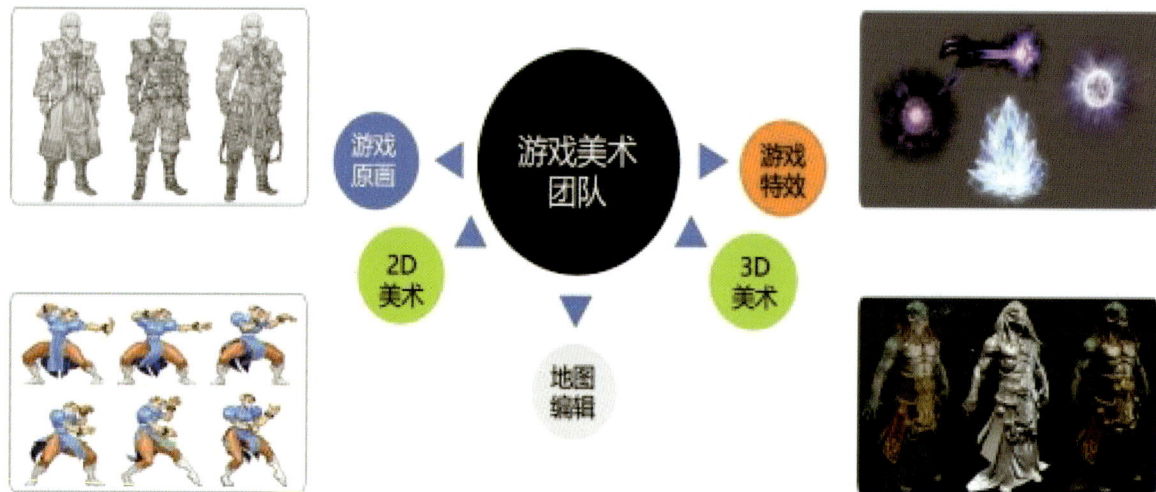

图8-1　游戏美术团队职能分工

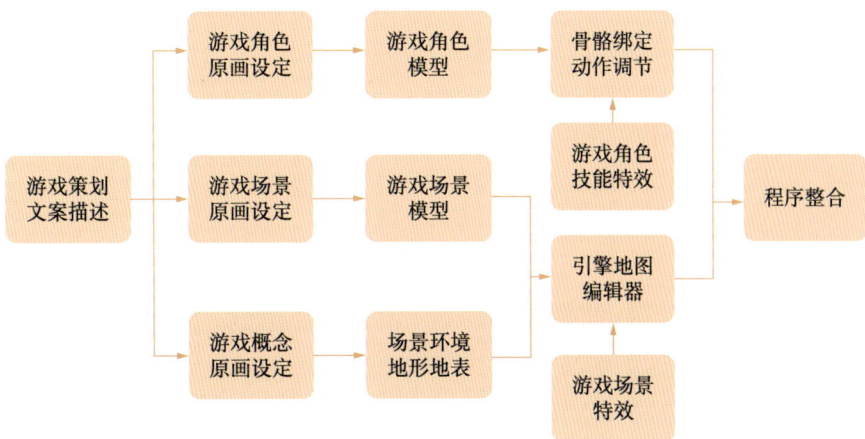

图8-2　游戏项目美术制作流程

第二节　角色造型风格特征

一、写实主义

写实主义角色设计（见图8-3）注重细节与真实感。人物的身体结构、肌肉线条、面部特征都要栩栩如生，以呈现出逼真的外观。这种风格适用于需要高度真实性的游戏，如现实主义战争游戏、生存游戏或历史题材剧情游戏。

图8-3　写实现代风格角色设计

二、卡通风格

卡通风格角色设计（见图8-4）通常具有夸张的特征，如大眼睛、大头、小嘴巴等。其身体比例常常不符合现实。卡通风格适用于家庭游戏、休闲游戏和儿童游戏，能营造出可爱、幽默或夸张的效果。

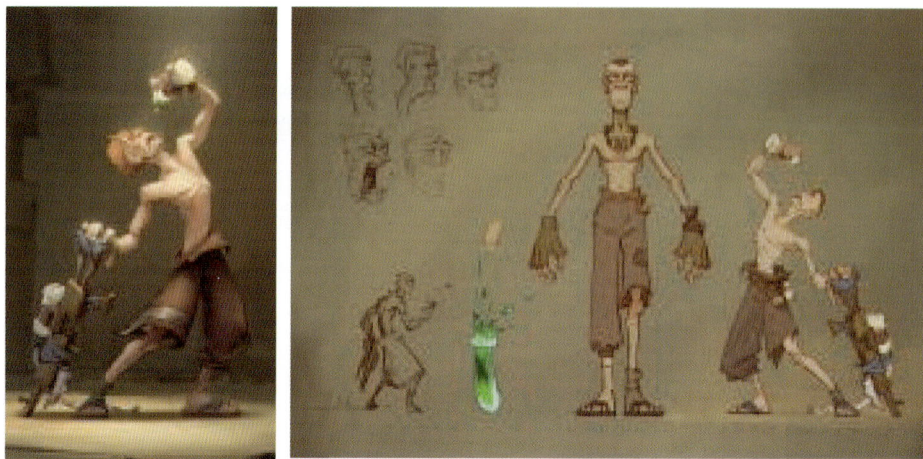

图8-4 卡通风格角色设计

三、动漫/日式风格

这种风格通常表现为大眼睛、精致的面部特征和比例相对协调的身体。它受日本动漫和漫画的影响。动漫风格适用于角色扮演游戏、日式风格游戏或涉及日本文化的作品。

四、低多边形风格

低多边形风格角色设计（见图8-5）采用简化的几何形状，多边形数量较少，注重极简主义。这种风格常用于像素艺术游戏、模拟器游戏和复古风格游戏，能够营造出怀旧感或简约感。

五、异化/怪诞风格

异化/怪诞风格（见图8-6）塑造出奇特、怪诞或超自然的外观，通常涉及不规则的肢体形状、色彩和纹理。这种风格适用于恐怖游戏、幻想游戏或涉及异世界的游戏，能营造出不安和惊悚感。

图8-5 低多边形风格角色设计

这类风格的设计涉及人体比例与平衡的关系、姿势与重心的把握、不同姿势下肌肉的放松与紧张状态、速写与慢写练习、如何准确表现人体姿势（见图8-7）。

图 8-6　恐怖风格角色设计

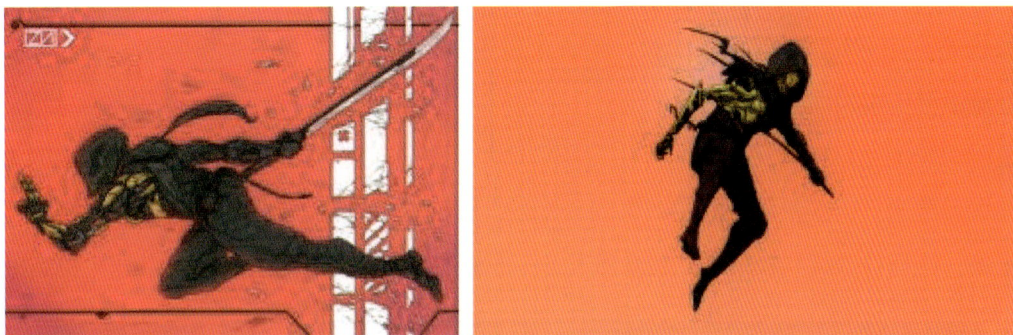

图 8-7　《幽灵信者》角色动态

第三节　角色原画设计

　　游戏原画是游戏制作前期的一个重要环节，原画师依据策划的文案，设计出整部游戏的美术方案，涵盖概念类原画设计和制作类原画设计两种，为后期的游戏美术（模型、特效等）制作提供标准和依据。角色设计是游戏剧情设计里最为重要的一环。

　　若你希望自己的游戏具备卓越的故事性，能很好地展现世界观，那么优秀的人物设计将是必不可少的部分。

一、设计目的

　　当你做任何设计时（包括系统、数值），你都应该明确一点："我的设计目的是什么？"

　　这非常重要，甚至当你照搬他人的设计时，你也必须明确自己照搬的目的是什么，而不是"因为好的项目做了这些，所以我们也这么做吧"。这能帮助你明确设计是否真的合适，真的能达到你的预期。那么游戏人物对话的设计目的是什么？

（1）通过对话的形式，较为自然地交代游戏目的，为玩家建立目标。

（2）使作品与其他同类型的游戏（角色）形成差异化。

二、差异化

我们在游戏制作过程中经常会思考这样一个问题："我的游戏够不够有特色？"而不是"我的游戏够不够有趣？"

因为，所有优秀游戏项目无疑都是有趣的。游戏开发毕竟不是刚起步的行业，各类玩法与系统在长久的市场洗礼中早已趋于完善。在各家厂商的竞争中，你很难拍着胸脯保证自己的游戏一定会比别人家的同类产品有趣得多。这时候，如果你的游戏能让他产生"不一样"的印象，你就能从无数同类型竞争品中脱颖而出。

你要尽可能地让玩家对你的人物产生足够鲜明的印象，让他们将其与其他类似设计的角色区分开来。在很多层面，钢铁侠和蝙蝠侠（见图8-8）的定位可以说非常接近，同样是有钱人，同样是团队中的智囊，同样身着高科技装备，但漫威和DC还是很好地将他们塑造成了两个完全不同的人物。

图8-8　钢铁侠和蝙蝠侠角色形象

三、实现手段

玩家对游戏人物的认知过程，与人类之间建立关系的过程是相同的。我们可以大致将流程分为三个步骤：外貌特征、神态性格、语录对白。

1. 外貌特征

在游戏中，这个阶段是玩家对角色产生印象的阶段。同理，如果你的角色在身形穿着上显得"常见"，看起来很普通，就不容易引起玩家的注意。玩家玩游戏就是为了排解无聊，你的设计当然不能看上去就很无聊。但如果角色设计得完全脱离主流审美，尽是一些稀奇古怪的东西，就会显得太过"异常"。虽然能引起玩家的极大注意，却容易被潜意识判断为危险品，遭到排斥。合理的做法是改变常见事物的某些属性，让它不太一样。最为常见的手段就是放大武器的尺寸，为服饰增添独特的装饰与纹路，当然还有专属技能、特殊称号等等。

不过，正所谓"物以稀为贵"。一个角色应该着重突出单一特质，切勿用堆砌的方式来塑造人物。那样很容易使玩家陷入认知混乱，且使各种"色彩"互相抵消，反倒变得平淡。《One Piece》（海贼王）对主角的刻画就非常坚决，为了凸显"草帽小子"的形象，你很难在《One Piece》中找到其他戴草帽的角色（见图8-9）。

图8-9　《One Piece》人物群像

同样，在《火影忍者》中，主角能够使用的招数非常少，少到你甚至怀疑他到底是不是忍者。其他忍者都在花样百出地结印，而鸣人需要结印的忍术大概也就影分身之术了。这也是为了反向衬托出主角的特殊，避免形象淡化。

2. 神态性格

在大致了解对方的整体外貌之后，人类会尝试了解对方的性格情绪，了解对方是否好相处，是不是自己喜欢的性格类型。一旦人们（玩家）在这个过程中对目标产生了好感，那么目标与其他人物之间的区分度就会直线上升。而人们进行这一判断的方式，是通过对人物面部特征（表情）的观察。

观察表情在人际交往中是非常重要的课题。人们通过注视对方的面部来判断一个人的精神状态、性格，了解其个性。相应的，玩家在面对游戏角色时，同样也会着重注视角色的面部，也会尝试通过观察角色的面部特征来判断自己是否能够跟角色"处得来"。

为此，我们在设计时就需要注意"满足"玩家的这一需求。就算你把五官画得再精致，如果玩家无法从人物的面部读取到他们想要的"情感资料"，那么你的人物也只会是一个僵硬呆板的人偶，很难博得玩家的喜爱。《偶像大师》中的角色数量非常多（见图8-10），想要在服装外形上让玩家有效地对所有角色进行区分是很难做到的（且角色外形在游戏中并不固定，不同的演出会带来单一角色外貌上的巨大变化）。为此，在塑造角色外形时会更加突出面部（以及发型）上的差异，通过使用不同的眼部轮廓来展现角色性格上的区别。玩家从众多角色中抉择成为谁的"制作人"，也会更多地考虑到心理层面上的契合度。

图 8-10　《偶像大师》人物群像

3. 语录对白

一旦玩家完成了对外貌、性格的筛选，玩家对角色就有了最基本的概念。如果玩家在所有角色中找到了哪怕一个能引起他兴趣的角色，那么他对整个剧情的发展就会保持一定的关注。因为他对角色产生了兴趣，自然会想要进一步了解这个角色的想法、过往经历，以及最终会迎来怎样的结局。而为了能够不断保持，甚至提升这一关注度，我们便需要在人物的对白上做好功课。对白包括人物与人物之间的对话，同时也有人物与玩家之间的对话。但无论何种对话，玩家从对话中想要获得的资讯是相同的。

对事件的叙述：你需要告诉玩家发生了什么事情，或者说角色想要去做什么、如何做。

角色对此的感受：角色对于事件的态度是怎样的，角色因事件的发展，心理上产生了什么变化。优秀的对话设计会同时将"事件"与"感情"都叙述完整。

"感情"的表达能够让玩家对角色有更深的认知，而"事件"的叙述则可以使感情的表现更具体化，更容易被玩家理解。两者相辅相成，缺一不可。缺少了"事件"的对话会欠缺说服力，显得无理取闹；缺少了"感情"的对话则会欠缺感染力，如流水账般空洞乏味。

从整体的角度看，大部分游戏中的角色对话设计都将"事件"与"感情"包含进剧情中。但问题在于，很多对白都将这两者分开处理了。需要角色推动剧情时，就让角色报流水账；需要角色讨好玩家时，就说些"我爱你""你对我真好""再摸我就打你喵"这样没营养的话。这样的结果就是角色无法融入世界观，形象也得不到丰满。

那么两者兼顾的对白设计是怎样的呢？还是来看《偶像大师》中的对白，如图8-11所示。

"是我的错觉么？最近这段时间，（自己）一直都在扮演男孩子气的角色啊。次数差不多已经有十多回了。"

"唔……不管多少次都不能嫌多么？那至少！让我穿着裙子去演吧！"

图8-11　《偶像大师》中的对白

以下信息：

事件：角色获得了很多"男孩子气角色"的演出机会。

感情：角色对此感到不满，想要更"女性化"的演出机会。

一方面，角色向玩家告知了自己所经历的事，另一方面也表达了自己对事件的看法。

同时，"困扰时找玩家倾诉"所带来的被依赖感得以体现，玩家与角色的关系也得以拉近。这样的对白设计，同时兼顾了"事件"与"感情"，才能让玩家更好地体验剧情，能够将角色从众多类似设计中"独立"出来。

所以，角色的塑造必须依托于"事件"，只有通过"事件"才能将"感情"表达清楚。而剧情的发展应当由"感情"来推动，没有"情感"的"事件"枯燥乏味，难以撼动人心。也只有如此，玩家才会将角色视作"特别的存在"，而不是淹没于人海中的无关者。

而最终，故事终将从记忆中褪色，玩家只会记得那些被他们所热爱着的身影。

四、人物五官表情规律和夸张变形

游戏中角色夸张的表现手法（人物在不同情绪下的表情，夸张后对人体比例的把握）具体如下。

（1）拉伸。顾名思义，拉伸就是把形体拉长、变细，可以整体进行，也可以局部拉伸（见图8-12）。

（2）压缩。这也是一种变形夸张的实用手法，通常是在以正常形象为基础对角色进行挤压变形。压缩可以从整体上进行，也可以从局部入手，更可以同时进行，以期达到一种意想不到的夸张效果。

（3）加法与减法。这是非常实用的基本变形夸张手法，在正常形象上可以加大、减小某一部分，加长、减短某一部分，增加、减少某一部分（见图8-13）。一加一减之间，新奇的形象呼之欲出。至今，中外这种手法的应用实例很常见，而且常用常新。

图8-12　夸张风格人物设计

图8-13　外星生物角色设计

（4）位移。位移也是一个简单且容易出效果的手法，是将正常的比例进行移动。比如五官比例、位置的改变，把正常嘴的位置从面部上三分之一移到下三分之一或更多，这么简单的处理就能产生夸张的变化。

（5）嫁接。简单讲，嫁接就是把两个或多个独立、不相干或矛盾的物体人为地组合到一起，可以以某个人物或动物为主，另一个为辅；也可以以某个人物或动物的某一独具特征的局部为主，嫁接到另一形象之上。这种手法的应用例子很多，如人头马、美人鱼（见图8-14）、狮身人面相等。

另外，还有角色服饰与发型等对角色的影响（见图8-15）。角色性格与造型的关系：需根据整体风格确定人物造型的特点。

图8-14　美人鱼角色设计

图8-15　形态各异的卡通人物形象

头部可以归类为圆球形、圆锥形、梨形、三角形、葫芦形、椭圆形、四方形、豌豆形、瓜子形、花生形等。对基本形进行变化，可得到更多样式。

人的头型大致有长形、方形、扁形、上大下小型、上小下宽形等类型。几何形不但以其完整的组合能构成有趣的头型，而且一个几何体自身的错位组合也会生成有趣的头型。

人的身体基本形状可归纳为圆柱形、圆锥形、倒圆锥形、腰鼓形和纺锤形五种。在此基础上，可以通过拉伸、挤压等各种变形手法得到更丰富的变化。

课后练习

一　多选题

1.游戏平衡的设置技巧包括＿＿＿＿＿＿＿＿＿。

A.翻倍和减半法则　　　　　　　　B.最大化和最小化特征

C.通过猜测来训练直觉　　　　　　D.适当的时候要学会割舍

2、多人游戏之间的关系包括＿＿＿＿＿＿＿＿。

A.合作互赢　　　　B.阻止对手前进　　　　C.利益均沾　　　　D.提升自我

二　简答题

根据游戏的世界观设计游戏角色。

要求：

（1）设计主角和配角各一人，包含角色三视图及动态图。

（2）在A4纸张上绘制并上色。

第九章

游戏剧情与背景故事创作

教学目的：游戏场景设计是游戏前期设计的关键环节，此环节需确定一款游戏的美术风格，并为后期的游戏美术制作提供依据。

教学要求：原画师要能根据游戏策划的需求，把自己的设计想法清晰、准确地表达出来。

本章重点：了解游戏原画的基本知识，以及场景设计的基本规律和创作特点。

本章难点：场景的创作与绘制。

第一节　故事情节设置理论

一、亚里士多德的舞台剧六元素

亚里士多德在《诗学》中提到，悲剧（也适用于广义的戏剧）有六个元素，分别是情节（mythos）、性格（ethos）、思想（dianoia）、言语（lexis）、歌曲（melos）和景观（opsis），这些观点对现代游戏相关戏剧剧情创作产生了深远的影响。

1. 情节

情节是戏剧的首要元素，是事件的组合。它相当于戏剧的骨架，亚里士多德认为情节是悲剧的灵魂。一个好的情节应该有一个完整的结构，包括开头、中间和结尾。例如，在索福克勒斯的《俄狄浦斯王》中，情节从俄狄浦斯追查杀害前国王的凶手开始，中间经历了各种曲折，如先知的警告、王后的劝阻等，最后以俄狄浦斯发现自己就是凶手并刺瞎双眼结束。情节的完整性使观众能够理解整个故事的发展脉络，产生强烈的情感共鸣。

结构规划：为现代戏剧创作者提供了情节架构的基本模式。现代剧作家依然重视情节的完整性，包括清晰的开头、中间和结尾。例如，许多好莱坞电影剧本的创作就遵循三幕式结构，这与亚里士多德所强调的情节结构相呼应。开头部分用于引入人物和情境，中间部分构建冲突和危机，结尾部分解决冲突，给观众一个完整的叙事体验。

情节节奏：其理论影响了现代戏剧对情节节奏的把握。创作者会精心设计情节的起伏，通过紧张和舒缓的交替来吸引观众的注意力。像悬疑剧，如阿加莎·克里斯蒂的《捕鼠器》，在情节推进过程中不断设置悬念，营造紧张氛围，然后适时地给出一些线索缓解紧张，引导观众一直沉浸在剧情之中。

2. 性格（角色）

角色的性格特点决定了他们在剧中的行为方式。角色应该具有鲜明的个性，并且其性格要与他们的行为和言语相符合。例如，在莎士比亚的《哈姆雷特》中，哈姆雷特忧郁、优柔寡断的性格特征通过他反复思考复仇的方式、对生死问题的独白等行为展现出来。这种性格特征推动了情节的发展，因为他的犹豫使得剧情充满了张力，同时也影响了其他角色的命运。

角色的立体感：现代戏剧更加注重塑造具有鲜明个性和复杂内心世界的角色。亚里士多德强调角色性格要与行为相符，这使得现代剧作家努力让角色的每一个行动、每一句台词都能体现其性格特点。例如，在阿瑟·米勒的《推销员之死》中，主人公威利·洛曼是一个性格复杂的人物，他的虚荣、脆弱、对成功的执着等性格特点通过他的回忆、与家人的争吵以及在工作中的种种遭遇等情节得以展现，让这个角色形象非常立体。

角色推动情节：现代戏剧也认识到角色性格对情节的推动作用。角色的欲望、动机和冲突成为情节发展的动力。例如，在田纳西·威廉斯的《欲望号街车》中，布兰奇的欲望和她与斯坦利之间的性格冲突推动了整个故事的发展，最终导致了悲剧的结局。

3. 思想（主题）

思想主要是指剧中所表达的观点和价值观，也就是主题。它是戏剧的深层内涵，通过角色的对话和行为来体现。例如，在易卜生的《玩偶之家》中，主题是女性的觉醒和对传统家庭观念的批判。娜拉从一个顺从丈夫的"玩偶妻子"逐渐认识到自己的地位和权利，最后选择离开家庭，这一过程体现了女性追求独立和自我价值的思想。

深度主题挖掘：促使现代戏剧创作者深入挖掘作品的主题。无论是对社会现实的批判、人性的探索还是对伦理道德的思考，主题都成为戏剧的核心价值所在。例如，在塞缪尔·贝克特的荒诞派戏剧《等待戈多》中，通过两个流浪汉等待戈多的情节，表达了现代人在荒诞世界中的迷茫和对存在意义的追问这一深刻主题。

主题的多元呈现：现代戏剧的主题呈现方式更加多元化，可以通过象征、隐喻等手法来传达思想。比如，在尤金·奥尼尔的《榆树下的欲望》中，"榆树"这一舞台景观元素象征着压抑的家庭氛围和人物内心的欲望，与主题紧密相连，让观众在欣赏戏剧的过程中深入思考欲望与伦理的冲突。

4. 言语（措辞）

言语包括台词的措辞、表达方式等。合适的言语能够生动地塑造角色形象，推动情节发展，还能营造出戏剧的氛围。例如，在古希腊剧作家阿里斯托芬的喜剧中，语言幽默诙谐、充满夸张和讽刺。他通过巧妙的措辞，如在《鸟》里，鸟儿们的对话充满了荒诞的想象和对人类社会的调侃，让观众在欢笑中思考社会问题。

台词的表现力：促使现代戏剧创作者注重台词的措辞和表达效果。台词不仅要传递信息，还要能够塑造角色、推动情节和营造氛围。例如，在莎士比亚的作品中，其华丽而富有表现力的台词至今仍被奉为经典。在现代戏剧中，像大卫·马梅特的作品，台词简洁有力，通过人物之间充满张力的对话展现人物关系和冲突。

语言风格多样化：现代戏剧语言风格更加多样化，涵盖口语化、诗意化、方言等多种形式。不同的语言风格可以适应不同的题材和角色。例如，在一些地方戏剧中，使用方言来展现地域文化特色和人物的身份背景。

5. 歌曲（节奏）

在古希腊戏剧中，歌曲和音乐是重要的组成部分。节奏可以通过音乐、演员的台词节奏等体现出来，它能够增强戏剧的表现力，调节观众的情绪。例如，在一些歌剧作品中，如莫扎特的《费加罗的婚礼》，音乐的节奏随着剧情的紧张、舒缓而变化。欢快的节奏可以表达喜悦的场景，如费加罗和苏珊娜的婚礼场景；而紧张的节奏则用于表现危机时刻，像伯爵发现自己被捉弄的情节。

音乐性增强：在现代音乐剧等戏剧形式中，音乐和节奏的重要性被进一步凸显。音乐不仅用于营造氛围，还可以成为叙事的一部分。例如，在安德鲁·洛伊德·韦伯的《猫》中，音乐节奏与猫的不同性格和舞蹈动作相配合，增强了整个戏剧的表现力，让观众沉浸在猫的世界中。

节奏对观众情绪的引导：现代戏剧创作者利用节奏来引导观众的情绪。在一些先锋戏剧中，通过演员的动作节奏、台词节奏的变化来创造独特的观剧体验。比如，在一些肢体剧表演中，演员身体动作的快与慢、停顿等节奏变化能够传达出丰富的情感和意义。

6. 景观（场景）

景观包括舞台的布置、演员的服装、道具等视觉元素。它为观众提供了直观的视觉感受，有助于营造戏剧的氛围和环境。例如，在张艺谋导演的舞台剧《印象·刘三姐》中，以漓江山水为背景，利用宏大的自然景观，结合灯光效果和演员们具有民族特色的服装，创造出美轮美奂的舞台效果，让观众仿佛置身于刘三姐的传说故事之中。

舞台视觉效果提升：促使现代戏剧更加注重舞台的视觉呈现。舞台美术设计，包括场景布置、服装、道具等方面都得到了极大的发展。例如，在一些大型实景演出中，如张艺谋的《印象·西湖》，利用西湖的自然景观，结合现代灯光、音效等技术，打造出震撼的舞台视觉效果。

视觉元素的表意功能：现代戏剧中的视觉元素不仅是装饰，还具有表意功能。例如，在德国表现主义戏剧中，舞台场景的扭曲变形可以象征人物内心的混乱和社会的病态，通过视觉元素来强化主题的表达。

二、非线性故事叙述模式概述

非线性故事叙述模式是相对于线性故事叙述模式而言的。它打破了传统的按照时间顺序依次展开事件的方式，采用更加灵活多变的结构来讲述故事。这种模式的特点是叙事顺序不固定，可能会出现时间的跳跃、情节的交错、多种叙事线索并行等情况，从而使故事呈现出复杂而富有创意的结构。

1. 线性模式

定义：线性故事叙述模式是最基本、最传统的叙事方式。它按照时间顺序依次展开事件，通常有一个明确的开头、中间和结尾。故事从一个起点开始，沿着单一的时间轴向前推进，中间没有时间的跳跃或回溯（除非是通过回忆等方式进行短暂的穿插）。

示例：像安徒生童话《小红帽》，小红帽从离开家开始，沿着一条路去外婆家，途中遇到大灰狼，接着被欺骗，最后获救。整个故事是按照事件发生的先后顺序依次进行叙述的，读者或观众能够很清晰地跟随主人公的经历，理解故事的发展。这种模式的优点是简单易懂，逻辑清晰，符合人们日常的认知习惯，能让观众很容易地进入故事情境。

应用场景：在许多传统的小说、电影和戏剧中被广泛应用。比如经典电影《教父》系列，它基本上是按照时间顺序来讲述柯里昂家族的兴衰，从老教父维托·柯里昂的崛起，到迈克·柯里昂接手家族事务后发生的一系列故事，让观众能够连贯地了解整个家族的发展历程。

2. 分支型

定义：分支型叙述模式是在故事发展过程中，会出现多个情节分支，观众或读者可以选择不同的分支来决定故事的走向。这种模式有点像游戏中的剧情分支，不同的选择会导致不同的结局。

示例：一些互动式小说或冒险游戏采用这种模式。例如，在文字冒险游戏《80天环游地球》（游戏版）中，玩家在某些情节节点可以做出不同的决策，比如选择不同的交通工具或者路线，这些选择会使故事朝着不同的方向发展，玩家可能会遇到不同的人物，经历不同的事件，最终导致不同的结局。

应用场景：主要应用于具有互动性质的作品，如一些具有多重结局的电子游戏、部分实验性的互动戏剧等。这种模式能够增加观众或玩家的参与感，让他们有一种自己掌控故事发展的感觉。

3. 平行型

定义：平行型叙述模式是同时讲述两个或多个相互关联但又相对独立的故事线索。这些线索在时间上可能是同步的，也可能是有时间差的，但它们之间会通过某种方式相互联系，比如主题相似、人物关联或者事件相互影响。

示例：电影《云图》采用了平行型叙述模式。它同时展示了六个不同时代、不同地点的故事，这些故事中的人物有着灵魂转世般的联系，每个故事都有自己的情节发展，但又在主题上相互呼应，如对自由、反抗压迫等主题的表达贯穿在各个故事之中。这种模式可以拓宽故事的广度，展示不同的人物和场景，同时通过线索之间的关联来加深主题的表达。

应用场景：在电影、电视剧中经常使用，尤其是在讲述宏大叙事或者展现复杂人物关系网的作品中。例如，一些家族史诗类电视剧，会同时讲述家族中不同成员在不同地方的生活经历，最后将这些线索汇聚在一起，呈现出家族的全貌。

4. 交错型

定义：交错型叙述模式是将多个故事线索或时间片段交替呈现。这些线索之间可能有因果关系、时间顺序或者主题上的联系。它不像平行型那样相对独立地展示线索，而是更加紧密地将不同线索交织在一起。

示例：昆汀·塔伦蒂诺的电影《低俗小说》是交错型叙述的典型代表。电影的情节由多个故事片段组成，包括拳击手的故事、黑帮老大妻子的故事等，这些片段在时间顺序上是打乱的，通过巧妙的剪辑和叙事手法交替出现。观众在观看过程中需要自己拼凑出整个事件的全貌，这种叙事方式增加了故事的趣味性和悬疑感。

应用场景：在电影、小说等多种叙事作品中使用，尤其适用于制造悬念、营造复杂叙事结构的作品。比如一些悬疑小说，会通过交错叙述犯罪过程和侦探调查过程，让读者在不断猜测中逐步揭示真相。

5. 面向对象的动态叙述型

定义：这是一种比较复杂的叙述模式，它以对象（可以是人物、物品或者概念等）为中心，根据对象的状态变化或者与其他对象的相互作用来动态地进行叙述。故事的发展不是按照固定的时间顺序或者情节模式，而是取决于对象的各种动态因素。

示例：在一些具有科幻或奇幻元素的作品中，以一个具有特殊能力的魔法物品为中心进行叙述。这个魔法物品可能会在不同的人物手中流转，随着它的位置变化、使用方式的不同，故事不断展开新的情节。比如在《魔戒》系列中，至尊魔戒就是这样一个核心对象，它的存在影响着各个种族的人物，故事围绕着不同人物对魔戒的争夺、保护或者利用来动态叙述，各个情节根据魔戒的状态和与之相关的人物行动而不断变化。

应用场景：常用于科幻、奇幻、角色扮演游戏等领域的叙述。这种模式能够适应复杂多变的故事环境，特别是当故事中有多个可变因素和复杂的相互作用关系时，可以很好地展现故事的动态性和丰富性。

三、非线性故事叙述的优缺点

1. 优点

（1）增加故事深度与复杂性。

通过多线索、时间跳跃等手法，能在有限的篇幅或时长内展现更丰富的内容。例如电影《云图》，其平行讲述的六个不同时代的故事相互呼应，从不同角度探讨了人类对自由的追求、命运的轮回以及道德的抉择等深刻主题，使故事内涵更加厚重。

相关手法还能呈现出复杂的人物关系网络和事件因果链。如电视剧《权力的游戏》，通过多线交错的叙事方式展现了维斯特洛大陆上各大家族之间错综复杂的政治、军事、情感纠葛，以及众多人物的成长历程和命运起伏，让观众感受到一个宏大且细致入微的虚构世界。

（2）提升观众参与度与思考性。

像《记忆碎片》这样的交错型叙事电影，观众需要主动在脑海中拼凑碎片化的情节，梳理时间顺序和事件逻辑，从而更深入地参与到故事解读中。这种主动思考的过程使观众不再是被动的信息接收者，而是与创作者共同构建故事意义的参与者。

分支型叙事作品如游戏《底特律：变人》，玩家的不同选择会导致截然不同的剧情走向和结局，这促使玩家反复思考每个决策的后果，增强了他们对故事发展的影响力和责任感，提升了代入感和沉浸感。

（3）制造悬念与惊喜效果。

非线性叙事常打破常规叙事顺序，先呈现结果或关键情节片段，引发观众好奇心。例如电影《七宗罪》开头就展示了一系列离奇的犯罪现场画面，然后再逐步回溯案件的侦破过程，让观众始终带着疑问和期待观看影片，直至最后谜底揭晓，给人强烈的震撼和意外之感。

交错型叙事通过在不同时间线和情节线之间频繁切换，营造出紧张刺激的节奏和悬念氛围。如电视剧《迷失》，在岛屿神秘事件的主线叙事中不断穿插人物过去经历的闪回，这些闪回不仅丰富了人物性格塑造，还不时透露出与岛屿秘密相关的蛛丝马迹，使观众一直保持对后续剧情发展的高度关注。

2. 缺点

（1）理解难度增加。

对于一些观众或读者来说，非线性叙事可能会造成理解上的障碍。尤其是当故事线索繁多、时间跳跃频繁且缺乏明显的逻辑衔接提示时，容易使观众迷失在复杂的情节结构中。例如电影《穆赫兰道》，其梦境般的非线性叙事充满了隐喻和象征，许多观众在初次观看时难以理清故事脉络，需要多次观看或借助解读才能理解其全貌。

面向对象的动态叙述型叙事中，如果对象的设定和相关规则不够清晰，或者在叙事过程中变化过于复杂，可能会导致观众或读者难以把握故事核心和发展方向。例如某些晦涩的先锋派文学作品，以独特的概念或抽象的对象为中心构建叙事，但由于表达过于隐晦，受众往往难以领会作者意图，影响了作品的传播和接受度。

（2）叙事连贯性挑战。

创作者在运用非线性叙事时，需要精心设计各叙事元素之间的衔接与过渡，否则容易出现情节脱节或逻辑漏洞。例如一些试图模仿经典非线性叙事电影的低成本作品，由于缺乏严谨的剧本打磨，在时间线切换或情节交错时显得生硬突兀，破坏了故事的整体流畅性和可信度。

分支型叙事如果分支设计不合理，可能导致部分分支情节发展单薄或与主线故事融合不佳，影响整个故事的完整性和统一性。比如某些互动游戏中，部分剧情分支仅仅为了增加选择多样性而设置，缺乏深度和对主题的有效支撑，使得玩家在体验过程中感到内容松散、缺乏连贯性。

（3）情感共鸣难度提升。

非线性叙事相对线性叙事而言，更侧重于结构和技巧的创新，有时可能会削弱故事中情感的连贯性和直接性表达。例如在一些多线平行叙事的作品中，频繁切换故事线可能会打断观众对单个情节或人物情感的深入体验和积累，导致情感共鸣难以有效建立。

当故事过于复杂和碎片化时，观众可能会更多地关注叙事结构本身而非故事中的人物命运和情感变化，从而削弱了作品在情感层面触动人心的力量。例如某些实验性的电影或文学作品，虽然在叙事形式上独具匠心，但由于观众难以在情感上与作品产生深度连接，导致作品的感染力大打折扣。

四、非线性故事叙述的类型

针对非线性故事叙述模式进行深入分析，我们会发现各类型有如下特点。

1. 分支型叙述的深入分析

选择与后果：在分支型叙述中，观众或读者的选择起着关键作用。例如在一些根据角色扮演游戏改编的影视作品中，像《黑镜：潘达斯奈基》，观众可以通过选择不同的选项来决定主角的行动路径。这种叙事方式不仅增加了观众的参与感，还让故事的可能性成倍增加。每一个选择都可能导致不同的人物关系变化、情节发展和结局。而且，这些选择往往会让观众反思自己的决策过程，因为不同的选择可能会带来不同的道德困境或情感体验。

叙事的开放性：分支型叙事的开放性还体现在它可以适应不同观众的喜好。有些观众可能喜欢冒险刺激的情节分支，而有些观众可能更倾向于情感细腻的故事走向。这种模式为作品提供了更广阔的受众覆盖范围，同时也对创作者的创作能力提出了挑战，他们需要设计出合理的分支情节，确保每个分支都有足够的吸引力和逻辑性。

2. 平行型叙述的深入分析

线索的关联性与对比性：平行型叙述中多个故事线索之间的关联性是其核心特点之一。例如在史诗电影《特洛伊》中，一边是希腊联军的营帐内，阿伽门农、阿基里斯等人物之间的权力斗争和战争决策；另一边是特洛伊城内，赫克托尔等人物的家庭情感、保卫国家的责任感等。这两条线索通过战争这一主题相互关联，同时又形成对比。希腊联军的进攻欲望与特洛伊人的防守意志，展现了战争双方不同的心态和动机。这种对比可以深化观众对战争的理解，从不同角度揭示主题。

主题的强化与拓展：通过平行叙述多个线索，主题可以得到强化和拓展。在电视剧《老友记》中，有六条主要人物的故事线索并行。这些线索围绕着友情、爱情、事业等主题展开。当不同的人物在各自的故事中遇到相似的问题，如失恋或者职场挫折时，主题就会在多个场景中得到反复强调。同时，不同人物的不同处理方式又拓展了主题的内涵，展示了多种应对生活困境的可能性。

3. 交错型叙述的深入分析

悬念的营造与节奏的把握：交错型叙述非常善于营造悬念。以电影《记忆碎片》为例，影片通过将主角患有短期记忆丧失症后的行动片段与回忆片段交错呈现，让观众始终处于一种猜测的状态。观众需要不断地在脑海中拼凑完整的故事画面，这种叙事方式使得影片的节奏紧张而富有吸引力。创作者通过巧妙地控制不同线索的交替频率和顺序，把握故事的节奏。比如，在紧张的情节片段后插入一段回忆，缓解观众的紧张情绪，同时又为后续情节埋下伏笔。

观众的认知挑战与参与感：交错型叙事对观众的认知是一种挑战，它要求观众更加主动地参与到故事的理解中。观众需要在混乱的时间和情节线索中寻找规律，梳理故事的逻辑。这种参与感使得观众更加深入地思考故事的意义。例如在小说《百年孤独》中，作者马尔克斯采用交错型叙事，将布恩迪亚家族几代人的故事片段交错叙述，其中包含了家族成员的爱情、战争、权力争夺等诸多情节。读者需要自己构建家族的发展脉络，这种阅读体验使得读者对作品所表达的家族命运、时间的轮回等主题有更深刻的理解。

4. 面向对象的动态叙述型深入分析

对象的核心地位与叙事驱动：在面向对象的动态叙述型叙事中，核心对象就像一个引力中心，吸引着各种情节围绕它展开。以魔法小说《哈利·波特》中的魔法石为例，它是整个故事的核心对象。故事从魔法石的出现开始，围绕着各方势力对它的争夺展开。哈利·波特和他的朋友们为了保护魔法石，与伏地魔及其追随者展开了一系列斗争。魔法石的位置变化、状态变化（是否安全、是否被损坏等）驱动着情节的发展，人物的行动和命运也都与魔法石紧密相连。

动态变化与故事的丰富性：这种叙事模式的动态变化使故事充满了丰富性。随着对象的动态变化，新的人物、新的场景和新的冲突不断涌现。例如在科幻电影《变形金刚》系列中，能量魔方是核心对象。它的出现吸引了汽车人和霸天虎来到地球，在争夺能量魔方的过程中，人类与汽车人的合作、霸天虎的破坏等情节不断展开。而且，能量魔方的状态变化（如是否被激活、是否被分解等）会导致故事走向不同的方向，使故事不断产生新的情节高潮。

第二节　原画场景设计

一、原画场景设计的种类

游戏必须发生在某个地方，因此在杰出游戏的研发中，数字环境的设计与创造就成了至关重要的因素。场景设计与角色设计一样重要，而且给设计师提出了一些独特的挑战。

1. 游戏空间设计

游戏空间的设计（见图9-1）可以分为两个截然不同的部分：一是游戏环境的外观和感觉，二是游戏空间的设计与挑战。一旦主要概念与游戏的框架确定下来，工作重点就可以转移到更细致地强化游戏的外观和感觉上。就像电影和电视一样，场景在决定最终产品的整体气氛上起着关键效果。

图9-1　《原子之星》场景空间海报

2. 气氛效果设计

气氛效果在环境设计中扮演着重要的角色。一个老建筑在白天可以看起来非常普通，但是在大雾弥漫时可能就会呈现出阴森的表象，所有这些都暗示了即将展开的戏剧冲突。天气可以成为一种游戏机制，不仅仅因为雾和雨使环境看起来更加神秘莫测，还在于它们会影响视觉和听觉的灵敏度，影响动作的灵活性（见图9-2、图9-3）。

听觉、视觉和动作联系在了一起。如果处于暴风雨中，那么仅仅行走在码头或船甲板上也可能变得像在生死边缘挣扎一样。

图9-2　Oasis Studios STUDIO 场景设计

图9-3　Boti Harko设计原画

二、不同风格的场景原画

1. 西方古典风格

这种风格通常注重写实，画面具有强烈的光影效果。以文艺复兴时期的绘画为例，如达·芬奇的作品，场景中的建筑结构精确，人物比例准确。色彩上多以自然的色调为主，光影对比鲜明，利用明暗来塑造物体的体积感。例如在描绘教堂内部场景时，通过从窗户透进来的光线，在地面和墙壁上形成清晰的光影，营造出神圣、庄严的氛围。

2. 东方传统风格

以中国和日本的传统绘画为例。中国传统山水画注重意境的表达，画家通过笔墨描绘山川河流，留白的运用非常巧妙，用空白表现云雾、流水等元素，给人以丰富的想象空间。日本浮世绘风格色彩鲜明，线条简洁且富有表现力，常常描绘市井生活、自然风光等场景，具有很强的装饰性。

3. 现代幻想风格

这种风格融合了多种元素，包括科幻、魔幻等。场景可能包含奇幻生物、未来科技建筑等。色彩运用比较大胆，不受现实约束。例如在科幻场景原画中，会有绚烂的激光、发光的能量护盾等元素，色彩上可能会使用高纯度的冷色调（如蓝色、紫色）来表现科技感。在魔幻场景中，则会出现魔法光芒、神秘的符文等，色彩搭配丰富多样，以营造神秘、奇幻的氛围。

三、场景原画创作中的文化内涵和时代特征

1. 文化内涵的体现

（1）建筑元素。

不同文化有着独特的建筑风格。例如，在描绘中国古代场景时，可以加入故宫、庙宇等建筑元素。故宫的红墙黄瓦、飞檐斗拱等建筑细节，体现了中国古代皇家建筑的威严与气派。在欧洲，哥特式建筑的尖塔和飞扶壁是其典型特征。将这些建筑元素用于场景原画创作时，能展现欧洲中世纪

的宗教文化。尖塔高耸入云，给人一种接近天堂的感觉，体现了当时人们对宗教的虔诚。飞扶壁从侧面支撑建筑主体，其精美的造型也是建筑艺术的重要体现。

（2）服饰与道具。

人物的服饰是体现文化内涵的关键。以日本和服为例，和服的款式、图案和色彩都有特定的含义。和服上的樱花、枫叶等图案，反映了日本对自然美的崇尚。而不同场合穿着的和服（如婚礼和服、成人礼和服等）也有严格规定，在场景原画中准确描绘和服的穿着场合和细节，可以展现日本的礼仪文化。

道具也是文化的载体。在中国传统场景中，可加入算盘、折扇等道具。算盘体现了中国古代的商业文化和数学智慧，折扇上的书画则反映了文人雅士的情趣。在欧洲场景中，加入羽毛笔和羊皮纸，这些道具能够展现中世纪欧洲的书写文化。

（3）神话与传说元素。

每个国家都有自己丰富的神话传说。在场景原画中融入本土神话角色可以增强文化内涵。例如，在希腊神话场景中，描绘宙斯、雅典娜等众神。宙斯手中的雷电象征着他的权威和力量，雅典娜作为智慧女神，其形象可以通过她头戴的头盔和手持的盾牌（上面刻有美杜莎的头像）来体现。在中国，以"嫦娥奔月"为主题进行场景原画创作，可以描绘嫦娥在月宫的场景，包括玉兔、桂树等元素。

（4）宗教符号与仪式。

宗教场所的建筑和装饰蕴含着丰富的文化内涵。在基督教教堂场景原画中，彩色玻璃窗是重要的元素。玻璃窗上的圣经故事图案，通过光线的折射，营造出神圣的氛围。十字架作为基督教的重要象征，其在教堂内部的摆放位置和装饰风格也值得关注。在印度教寺庙场景中，寺庙建筑上的各种神像雕刻和曼陀罗图案，体现了印度教的多神崇拜和复杂的宗教哲学。

2. 时代特征的体现

（1）科技元素。

在描绘古代场景时，可以体现当时的科技水平。例如，在文艺复兴时期的场景原画中，加入达·芬奇设计的机械装置，如飞行器草图或军事机械的概念模型。对于近现代场景，科技元素更为明显。在20世纪初的场景中，可以描绘早期的汽车、火车等交通工具。汽车的造型、颜色和款式反映了当时的工业设计水平与审美观念。在描绘未来场景时，加入虚拟现实设备、飞行汽车等高科技元素，用富有科技感的线条、发光的材料和复杂的机械结构来体现未来科技的高度发达。

（2）社会风貌与生活方式。

古代社会有着严格的阶层划分，这在场景原画中可以通过人物的服饰、行为和所处环境来体现。例如，在中国古代封建社会，描绘宫廷场景时，皇帝和贵族们穿着华丽的服饰，居住在金碧辉煌的宫殿中，享受着各种奢华的服务；而平民百姓则穿着朴素，生活在简陋的民居里，从事着农业或手工业等劳动。这种对比能展现古代社会的阶层差异和生活方式。

从19世纪工业革命开始，人们的生活方式发生了巨大变化。在工业城市场景原画中，描绘工厂烟囱林立、工人忙碌的身影，以及城市中新兴的百货商店、咖啡馆等场所。人们的服饰也从传统的长袍马褂转变为西装、连衣裙等更具现代感的服装。这些元素体现了近现代工业化和城市化带来的社会风貌变化。

（3）艺术风格与审美趋势。

每个时代都有其主流的艺术风格。在欧洲中世纪，宗教绘画盛行，画面风格庄重、肃穆，色彩多以暗淡的色调来突出宗教主题的神圣性。到了文艺复兴时期，艺术风格逐渐转向写实和人文主义，画家们注重人体结构的准确描绘和人物情感的表达，色彩也变得更加明亮、丰富。在场景原画中，根据不同时代的艺术风格来绘制建筑、人物和装饰等元素，可以准确体现时代特征。

在现代社会，审美趋势更加多元化。后现代主义风格强调混合、拼接和对传统的反叛。在场景原画中，可能会出现将不同风格的建筑（如古典建筑与现代建筑）拼接在一起的场景，或者是对传统形象进行夸张、变形的人物设计。这种独特的审美体现了现代和后现代的时代特征。

第三节　场景绘制技法

一、场景绘制软件的选择

1. 3ds Max

该软件具有丰富的建模工具和插件，能够快速创建各种复杂的游戏场景模型，如建筑、地形、道具等。其强大的渲染功能可生成高质量的场景效果图，支持多种渲染器，能满足不同风格和品质要求的游戏场景绘制需求，被广泛应用于游戏、建筑等领域。

2. Maya

该软件在动画制作方面的功能更为强大，其动画模块和工具非常出色，适合制作具有复杂动画效果的游戏场景元素，如可破坏的场景物体、动态的地形等。Maya 能够创建高精度的模型，对于一些对细节要求极高的游戏场景，如写实风格的历史建筑、科幻风格的未来城市等，Maya 能更好地满足建模精度要求，让场景更加逼真。

3. Blender

该软件最大的优势是免费开源，具备从建模、雕刻、绑定、动画到渲染等一整套完整的 3D 创作流程，能够满足游戏场景绘制的各种需求。其雕刻功能类似于 Z Brush，可以快速地为场景模型添加细节；动画功能也较为强大，能够制作出流畅的场景动画。

4. Z Brush

这是一款专业的数字雕刻软件，能够让艺术家像在现实中雕刻一样处理模型，如角色雕像、场景装饰等。通过 Z Brush 的雕刻功能，可以快速地为场景模型赋予丰富的细节和质感，提升场景的真实感和艺术感。其独特的工作流程和直观的操作界面，使得艺术家可以更加专注于创作过程，提高工作效率。它可以与 3ds Max、Maya 等主流建模软件很好地协作，将在 Z Brush 中雕刻好的高模细节烘焙到低模上，然后再导入到游戏引擎中使用，从而实现高效的游戏场景制作流程。

二、贴图绘制软件

1. Substance Painter

这是目前使用最为广泛的 PBR 材质制作软件之一，专注于物理渲染材质的绘制。它能够让用户直接在三维模型上绘制具有真实物理属性的材质，大大提高了材质制作的效率和质量，使游戏场景的材质表现更加逼真。它具有强大的智能材质系统，用户可以通过简单的参数调整和图层叠加，快速创建出各种复杂的材质效果。它能够很好地与主流游戏引擎，如 Unity、Unreal Engine 等集成，用户可以直接将绘制好的材质和纹理导入到游戏引擎中使用，无须进行复杂的转换和调整，能保证材质在游戏中的最终效果与绘制时一致。

2. 3D Coat

该软件专为游戏美工设计，集三维模型实时纹理绘制和细节雕刻功能于一体，可以加速游戏场景的细节设计。在绘制纹理时，用户可以实时看到效果，方便及时调整和优化，从而提高工作效率。3D Coat 还具备一些其他实用功能，如 UV 展开、拓扑优化等，使得用户可以在一个软件中完成游戏场景模型从建模到纹理绘制的多个环节，减少了软件切换的成本和工作量。

3. Body Paint

这是 Cinema 4D 软件的一个功能强大的绘制模块，主要用于网游模型的贴图绘制工作。它能与 Cinema 4D 无缝衔接，充分利用 Cinema 4D 的模型创建和编辑功能，快速为游戏场景模型绘制高质量的贴图。

三、2D 绘画软件

1. Photoshop

该软件可用于绘制游戏场景的概念设计图、原画等，它提供了丰富的绘画工具和编辑功能，如画笔、图层、蒙版、滤镜等，能够满足各种风格和类型的游戏场景绘画需求。它能与 3D 建模软件、游戏引擎等其他游戏开发工具紧密协作，可将绘制好的 2D 元素导入到 3D 模型上作为纹理或贴花，或者将 3D 场景渲染图导入到 Photoshop 中进行后期处理，实现 2D 和 3D 的完美结合。

2. Painter

该软件以其逼真的绘画效果而闻名，它提供了各种模拟真实绘画工具和材质的笔刷，如油画笔、水彩笔、铅笔等，能够让用户在数字绘画中获得接近传统绘画的体验和效果，非常适合绘制具有艺术感和手绘风格的游戏场景。软件的操作界面和工具设计都十分注重创意和艺术表达，鼓励用户发挥想象力和创造力，进行自由绘画创作。

四、使用各种技法达到场景预期效果

下面以游戏建筑"酒神坊"为例，讲解游戏建筑的设计与绘制方法。

酒神坊是洛阳城中有名的建筑之一（见图 9-4），是侠义之士、逍遥剑客的必到之地，他们能在此举杯畅饮、高谈阔论。酒神坊也是洛阳城中最具特色的建筑，从外观上看，它青砖灰瓦、红漆门窗，造型古朴；从内部装饰上看，有屏风、酒架、隔扇等，虽为酒坊，却清新雅致。

首先，从设定文案中提取关键词，明确游戏的时代背景和建筑风格，再根据策划方案的分析结果收集素材。

图 9-4　酒神坊参考图

（1）利用 3D 软件创建酒神坊的模型，并将其导出为 Photoshop 支持的格式。先把酒神坊合理地拆分成多个组成部分，再将各部分简化成基本图形，如球体、圆柱体等（见图 9-5），然后将这些图

形按照一定规律放置，从而形成疏密有致、主次分明的模型。

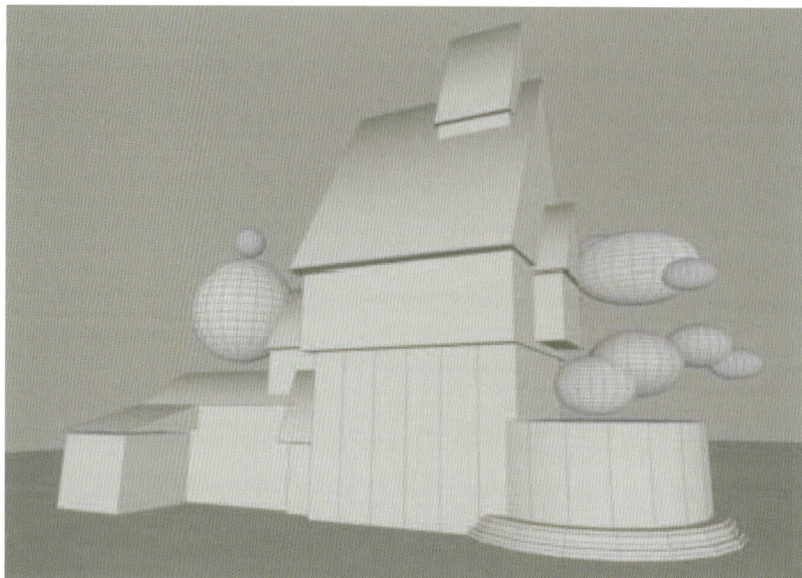

图9-5　初步模型

（2）在Photoshop中打开建好的模型文件，接着新建一个图层，并以模型为基础绘制草稿。绘制完成后，隐藏模型图层（见图9-6）。

图9-6　绘制草图

（3）新建一个图层，接着细化草稿，添加与时代背景相契合的建筑元素，同时做好功能划分，使酒神坊布局更加合理，此时要注意酒神坊的透视、比例等。绘制完成后，隐藏草稿图层（见图9-7）。

图9-7　线稿草图

（4）新建一个图层，细化出酒神坊的线稿，此时要注意线条的流畅度。细化完成后，将其图层混合模式设置为"正片叠底"。需要注意的是，若想绘制直线，可先在起点处单击，然后按住"Shift"键的同时在终点处单击；对于带有重复纹样的部分，如窗户，可暂不细致刻画，后续统一添加纹样（见图9-8）。

图9-8　线稿清线

（5）新建一个图层，为其中一扇窗户添加纹样，然后按住"Alt"键拖动纹样至其他窗户处，就能将纹样复制并应用到其他窗户上，采用此方法为所有窗户、墙面等添加纹样。在画面合适位置添加文本，把字体样式设置为书法字体，如草书、行书，并调整文本的大小和位置，接着对酒神坊存在的不足之处进行调整，如修改文化长廊，增强其透气性（见图9-9）。

图 9-9　线稿完成图

（6）将除背景图层和隐藏图层外的所有图层合并，把合并后图层的混合模式设置为"正片叠底"，接着在其下方新建一个名为"铺色"的图层，用灰色（#a0a0a0）为酒神坊铺色，此时要注意色块边缘要清晰（见图9-10）。

图 9-10　添加图块单色

（7）新建一个图层，将该图层的混合模式设置为"正片叠底"，然后将其剪贴到"铺色"图层中，接着根据光源照射方向用灰色（#a0a0a0）绘制酒神坊的背光面，此时可在图像编辑区合适位置绘制简易的光线示意图，防止绘制过程中忘记光源的照射方向。采用上述方法为地面铺色并绘制出酒神坊的投影（见图9-11）。

图 9-11 添加阴影效果

（8）新建一个图层，设置其图层混合模式为"正片叠底"，同样将其剪贴到"铺色"图层中，接着用灰色（#a0a0a0）绘制酒神坊中光线难以到达的地方和投影，让明暗关系更加明显（见图9-12）。再新建一个图层，设置其图层混合模式为"正片叠底"，依旧将其剪贴到"铺色"图层中，然后用深灰色（#3f3f3f）绘制酒神坊中闭塞的阴影区域，如门洞。

图 9-12 添加混合效果

（9）新建一个图层，设置其图层混合模式为"叠加"，将它剪贴到"铺色"图层中，接着用浅灰色（#d3d3d3）绘制酒神坊的受光面，此时要注意不要涂抹到酒神坊的背光面（见图9-13）。

图 9-13 添加受光面

（10）将除背景图层和线稿图层外的所有图层合并，接着按"Ctrl + J"组合键创建图层副本，再按"Ctrl + L"组合键打开"色阶"对话框，设置参数后单击"确定"按钮以调整酒神坊的亮度，最后将图层副本的混合模式设置为"正片叠底"并剪贴到原合并图层中。选择原合并图层，按住"Ctrl"键的同时单击图层缩览图将其载入选区，然后为选区填充白色，并按"Ctrl + D"组合键取消选区（见图9-14）。

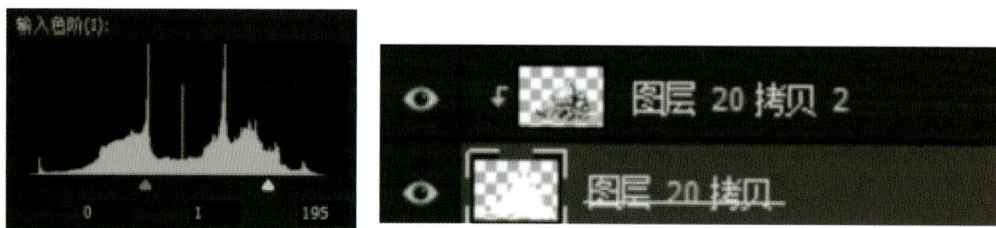

图9-14　添加图层效果

（11）置入素材"毛笔笔刷效果.png"，将其放置在背景图层上方，然后设置该素材图层的不透明度为"25%"，接着在线稿图层下方新建一个图层，并在酒瓶上方绘制烟雾（见图9-15）。

图9-15　添加笔刷

（12）在原合并图层上方新建一个图层，接着为酒神坊的各部分填充固有色，此时可在图像编辑区合适位置放置线稿图及所用颜色的色块，以便绘制。再新建一个图层，为酒神坊门口的条幅添加纹样（见图9-16）。

（13）新建一个图层，设置其图层混合模式为"叠加"、图层不透明度为"60%"，将其剪贴到原合并图层中，接着用浅黄色（#e5e4dd）绘制酒神坊的受光面。可多次为酒神坊的受光面叠色，让效果更加自然，然后采用同样方法绘制草坪（见图9-17）。

图 9-16　添加固有色

图 9-17　添加叠色效果

　　（14）新建一个图层，将图层混合模式设为"正片叠底"，图层不透明度设为"55%"，再将其剪贴到原合并图层中，接着绘制瓦片纹理。

　　（15）新建一个图层，设置图层混合模式为"柔光"，将其剪贴到原合并图层中，接着绘制树木纹理。新建一个图层并剪贴到原合并图层中，随后绘制石头及其投影（见图 9-18）。新建一个图层，设置图层混合模式为"叠加"、图层不透明度为"75%"，将其剪贴到原合并图层中，再用浅黄色（#e2c4a4）绘制酒神坊的受光面，为其添加暖色调。可多次为酒神坊的受光面叠加暖色，让效果更自然。新建一个图层，设置图层混合模式为"线性减淡"，将其剪贴到原合并图层中，然后用不同明度的红色绘制灯笼处，为其添加光晕（见图 9-19）。

图 9-18　添加纹理效果

图 9-19　添加光线细节

（16）在所有图层上方新建一个图层，采用上述方法在画面合适位置绘制树木，让画面效果更丰富，然后统一调整树木存在的不足，比如添加枝丫。选择背景图层，为其填充浅灰色（#f3f3f3），在背景图层上方新建一个图层，设置该图层混合模式为"正片叠底"，接着用"矩形选框工具"在图像编辑区下方绘制矩形选区，为选区填充比背景稍深的灰色（#e5e5e6），最后按"Ctrl + D"组合键取消选区。

课后练习

一　多选题

下列对于游戏空间的描述中正确的是＿＿＿＿＿＿＿。

A.游戏世界可以相互独立，也可以相互连通

B.游戏空间离散与连续并存

C.抽象的游戏空间可以根据维度来划分

D.四边形和六边形都同样适用于游戏二维空间的规划

二　简答题

根据游戏的世界观设计游戏场景。

要求：

（1）设计场景气氛图两张。

（2）在A4纸张上绘制并上色。

Hudong Youxi Sheji

第十章
UI界面设计与声音设计

教学目的：掌握UI界面设计的基本原理和技巧。

教学要求：通过实践提升学生的UI界面设计与声音设计能力。

本章重点：UI界面设计的基本原则和流程。

本章难点：如何将用户思维融入UI界面设计中。

第一节　UI界面设计

一、游戏UI界面概述

UI，即用户界面，也被称作人机界面，它无处不在，从网页到移动App，都是用户与数字世界交互的桥梁。UI设计的核心在于独具匠心地打造用户界面的外观样式，精心构思人机交互的每一个细节，以及严谨规划操作逻辑，确保用户能够流畅、愉悦地与产品交互。

UI设计还肩负着功能实现的重要任务，确保每一个功能都能以最直观、最便捷的方式呈现给用户，让技术与艺术在界面中完美融合。

1. 游戏UI

即游戏图形用户界面，与之相关的所有工作统称为游戏美术设计。在游戏中，游戏UI会根据不同游戏的特性，在游戏的主界面、弹窗界面、操控界面上展示不同的相关信息，并通过合理设计，引导用户进行简单的人机交互操作。合理的游戏UI设计（见图10-1、图10-2）就是在人机交互的操作方式中营造出操作简便且具有引导功能的美观人机环境。

图10-1　游戏《部落冲突》界面

图10-2　游戏《汤姆克兰西：全境封锁》界面

2. 游戏UI交互设计的原则

（1）易用性：界面设计简洁明了，避免复杂的流程和过多的选项，确保玩家能够轻松上手。保持界面风格、交互方式等的一致性，可降低玩家的学习成本，增强游戏的整体感；保持视觉风格一致，确保玩家在不同界面之间切换时不会产生困惑；相同的操作在不同界面中应产生相同的反馈效果，增强玩家的操作预期。

（2）反馈性：及时给予玩家操作反馈，能让玩家了解当前状态和结果，从而增强游戏的互动性和沉浸感。玩家进行操作后，应立即给予视觉或声音方面的反馈，如按钮点击后变色、操作成功后播放提示音等；反馈信息应明确易懂，避免使用模糊或有歧义的表述，确保玩家能够准确理解操作结果；对于重要的操作或状态变化，应提供全面的反馈信息，包括操作结果、后续步骤等，引导玩家完成游戏目标。

3. 游戏UI交互设计的流程

（1）需求分析：明确游戏UI交互设计的需求和目标。

（2）游戏界面的概念设计：此环节决定了游戏界面的整体风格和基调，涵盖整体风格设定、色彩搭配、图标设计。

（3）原型制作：制作游戏界面的原型，明确尺寸、布局、交互方式等，以便开展初步的测试和评估。

（4）视觉设计：依据概念设计中的色彩搭配，对界面中的各个元素进行色彩细化处理，确保色彩和谐统一。

（5）交互设计：保障游戏界面的易用性，包括按钮、菜单、对话框等的设计与实现。

（6）测试与优化：对游戏界面进行全面测试，确保界面兼具易用性和美观性，包括功能测试、兼容性测试、用户测试。

二、游戏界面的图形与文字设计

基本图形元素的选择与运用至关重要，它们不仅影响着界面的美观度，还直接关系到用户体验和游戏的整体氛围。在游戏UI中，图标用于表示菜单选项、游戏道具、装备、技能等；按钮用于执行开始游戏、暂停游戏、返回主菜单、退出游戏等操作；进度条用于显示游戏任务的完成进度或玩家的某种状态（如生命值、经验值等）；滑块允许用户通过拖动来调整数值或选项；选择框允许用户从多个选项中选择一个或多个；文本框常用于用户名输入、密码输入、聊天窗口等场景；背景和边框共同营造游戏氛围，提升用户体验（见图10-3）。

图10-3　音乐节奏类与卡牌养成类游戏《LoveLive！学园偶像祭》界面

字体风格的选择需兼顾匹配与易读性。以《仙剑奇侠传》系列为例，其精心选用具有深厚文化底蕴的书法字体，如隶书、楷书，这些字体以其独特的韵味与古典仙侠的背景设定相得益彰，共同营造出一种浓郁的历史氛围，让玩家仿佛置身于古色古香的仙侠世界。而以《星际争霸》系列为代表的科幻游戏，则更倾向于采用简洁、线条流畅且富有现代感的无衬线字体，如Helvetica、Arial等。这些字体不仅易于识别，还能有效强化游戏的科技感和未来感，让玩家在探索宇宙奥秘时感受到强烈的科技氛围。

三、各平台的游戏UI界面设计

1. PC平台游戏

PC平台游戏，也称为客户端游戏或端游，是指那些需要在用户自己的设备上安装客户端软件才能运行的游戏，如《英雄联盟》（见图10-4）、《守望先锋2》（见图10-5）、《极品飞车》（见图10-6）、《劲舞团》（见图10-7）等。

在构建PC端游戏UI界面框架时，需紧扣以下四个关键环节。

（1）精确设定界面风格，并确保其与游戏类型紧密相连，从而打造出与游戏整体氛围相得益彰的界面设计。

（2）界面模块的设计与开发需进行细致的优先级排序。设计团队应综合考量各模块的工作量、时间紧迫性等因素，合理规划工作进程，以实现资源的最优配置和高效利用。

（3）设计规范的确立需在项目启动之初完成。一旦项目启动后再对规范进行频繁调整，将严重阻碍工作进度，降低整体工作效率，因此需提前明确并严格执行。

（4）菜单层级的设置应简洁明了，建议控制在三级以内，尽量避免超过四级。此举旨在简化用户操作流程，降低使用难度，从而显著提升用户体验。

图10-4　网络游戏《英雄联盟》界面

图10-5　射击类游戏《守望先锋》界面

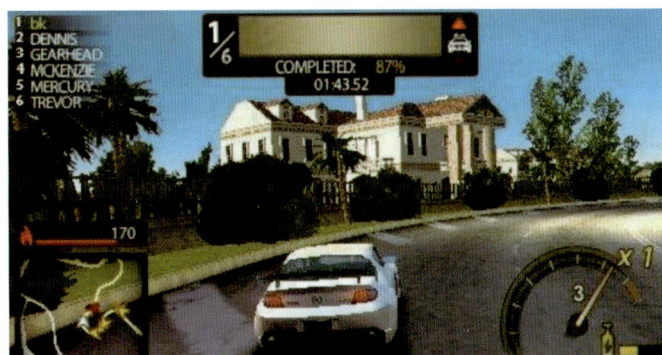

图10-6　竞速类游戏《极品飞车》界面

图 10-7　舞蹈类游戏《劲舞团》界面

2. 移动端游戏

移动端游戏，通常指的是在智能手机、平板电脑等移动设备上运行的游戏应用程序。移动端游戏具有便携性、多样性、社交互动性强、易于上手等特点。

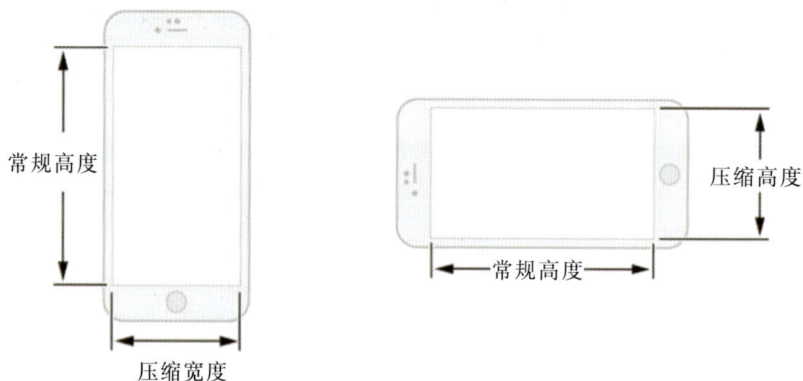

图 10-8　不同运用环境下的手机游戏的显示布局

设计稿以"简洁、直观、兼容、便捷"为核心理念，通过以下具体方法实现。

（1）采用极简风格，减少不必要的装饰和色彩，突出游戏核心内容。

（2）运用自适应布局技术，利用先进的自适应布局技术，确保界面在不同屏幕尺寸和分辨率下都能保持清晰、美观（见图10-8）。

（3）优化交互元素，对按钮、滑块、列表等交互元素进行精细化设计，确保它们的大小、形状和位置都符合移动设备的操作习惯。

（4）强化反馈机制，通过添加动画效果、声音反馈等，增强玩家与游戏之间的互动感，提升游戏体验。

此外，在结合上述设计要点的基础上，充分利用手势进行操作，并巧妙地将手势操作也作为UI界面设计的一部分融入其中（见图10-9、图10-10）。

双击
放大或缩小图片或内容，中心定位等

捏合
双指张开或捏合放大或缩小

长按
呼出编辑状态或隐藏菜单

摇晃
撤销或重做

点击
按压或者选择一个控件或选项

拖动
拖动某个控件从一边滚动或平移到另一边

滑动
快速滚动或平移

轻扫
用一个手指滑动返回上一页，滑动呼出隐藏菜单或删除按钮，在平板电脑上用四指切换应用等

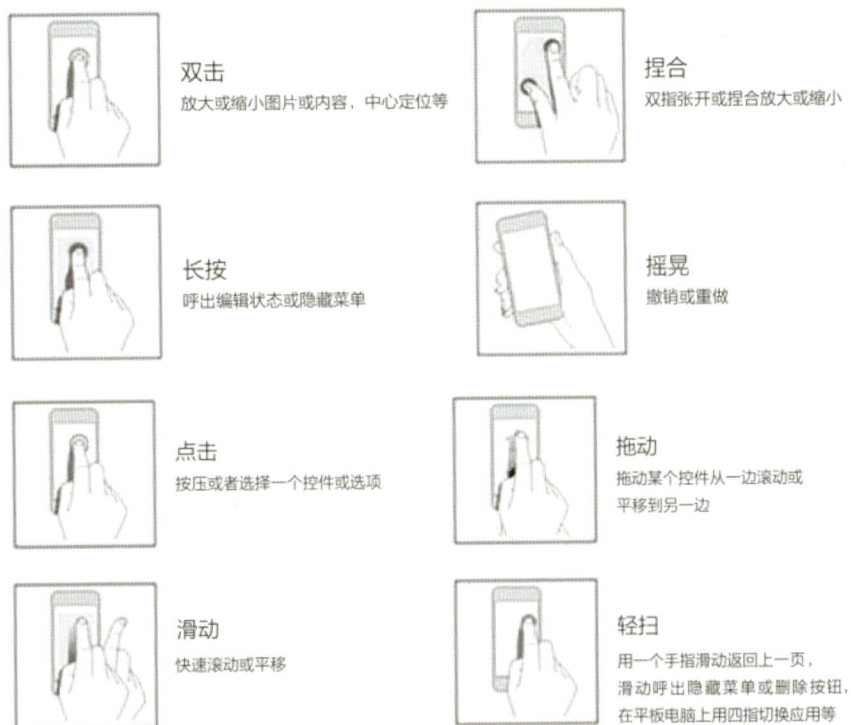

图10-9　经典手势滑动类游戏《水果忍者》

图10-10　雷霆战机的UI界面设计

第二节　声音设计

一、游戏声音设计要点

游戏声音设计是塑造沉浸式体验的关键，在游戏开发的广阔领域中，声音设计无疑占据着举足轻重的地位。它不仅是游戏世界的灵魂，更是提升玩家沉浸感和整体游戏体验的神奇钥匙。以下，我们将深入探讨游戏声音设计的八大要点。

1. 贴合情境，风格统一

背景音乐是游戏的情感纽带，能瞬间将玩家带入特定的游戏场景。在紧张刺激的战斗时刻，激昂的战歌能激发玩家的斗志；而在宁静的探索或休闲时光，悠扬的旋律能让玩家放松心情，享受游戏的宁静之美。环境音效是游戏世界的细腻笔触，它们模拟自然界的风声、雨声、鸟鸣，以及城市中的喧嚣、洞穴中的滴水声，让游戏世界更加真实可触，增强了玩家的沉浸感。

2. 角色音效，个性彰显

脚步声是角色在游戏世界中移动的印记，不同角色、不同地面材质，都应有独特的脚步声。英雄的步伐沉稳有力，反派的脚步声则可能带着一丝阴森与诡异，这样的设计让角色更加鲜活，也增加了游戏的可玩性。攻击与技能音效是战斗中的点睛之笔，它们不仅为战斗增添了听觉上的震撼，更让玩家在操作中感受到每一次攻击的力量与效果，提升了游戏的战斗体验。

3. 反馈引导，体验升级

操作反馈音效是玩家与游戏互动的桥梁，每一次按钮点击、菜单切换，都应有清晰的音效反馈，让玩家明确自己的操作已生效。引导音效在复杂的游戏环境中发挥着导航作用，能巧妙地引导玩家找到正确的路径，或提示潜在的危险，让游戏过程更加顺畅。

4. 动态变化，生动有趣

音效的动态变化是游戏声音设计的精髓之一。随着游戏的进展和玩家行为的改变，音效的强度和节奏应相应调整，如战斗激烈时背景音乐加速、武器碰撞声变得尖锐，都能让玩家更加投入游戏。同时，引入随机性与变化性也是避免音效单调的有效手段，能让游戏声音更加丰富多彩，充满惊喜。

5. 跨平台优化，无处不在

在多元化的游戏设备上，声音设计的跨平台优化显得尤为重要。无论是手机、平板电脑，还是游戏机和电脑，游戏声音都应保持良好的听觉体验，这需要对音效的音量、频率和传播方式进行精细的适配和优化。

6.简洁清晰，避免冗余

虽然丰富的音效能增强游戏体验，但过度复杂的音效也可能让玩家感到混乱。因此，音效设计应保持简洁与清晰，只选择那些最能增强游戏体验的音效，让游戏声音更加精炼有力。

7.测试优化，持续改进

玩家反馈是声音设计宝贵的参考，通过邀请玩家进行测试，听取他们的意见和建议，可以对音效进行有针对性的调整和改进。同时，利用现代音频技术和工具进行技术优化，如3D音效技术、音频中间件等，能进一步提升音效的表现力和性能。

8.视听融合，情感共鸣

音效与视觉元素的协调是游戏声音设计的最高境界。音效应与游戏画面同步呈现，增强游戏的沉浸感和整体体验。同时，通过音效与视觉的巧妙配合，可以激发玩家的情感共鸣，让玩家在游戏中找到共鸣与感动。

二、游戏声音设计案例分析

以下是对几款经典游戏声音设计的深入分析，它们不仅展现了声音设计师的创意与才华，更为整个游戏行业树立了声音设计的标杆。

（1）《王者荣耀》作为国民级竞技手游，其声音设计在提升游戏体验和玩家沉浸感方面发挥了至关重要的作用。设计亮点在于：游戏通过正面、中性和负面的音乐变化，实时反映游戏进程和玩家状态；根据英雄的等级、经济等游戏内因素，动态调整声音响度和优先级；英雄间的语音互动不仅丰富了游戏内容，还增添了玩家探索的乐趣；特定英雄组合或特定情境下触发的语音彩蛋，让游戏世界更加生动真实。

（2）《完美音浪》作为一款音乐动作游戏，其声音设计在TGA年度游戏大奖中荣获最佳游戏音频设计奖，展现了音乐与游戏玩法的完美融合。

设计亮点在于游戏中的音效与音乐节奏紧密相连，玩家需要跟随节奏进行游戏操作，这种设计不仅增强了游戏的节奏感，还提升了玩家的沉浸感。例如，通过特定的音效提示玩家进行下一步操作，或利用音效的变化来反映游戏难度的改变。

（3）《光环：无限》在音效制作上追求极致且富有创新精神。作为一款科幻射击游戏，其音效制作面临巨大挑战，但制作团队凭借极致的追求和创新精神，为玩家带来了震撼的听觉体验。为了获得逼真的撞击与碎片声，制作团队使用真实物品进行录制和处理。这种对音效素材的高质量要求，确保了游戏音效的真实性和沉浸感。制作团队利用高效收音麦克风、干冰等先进工具和技术，制作出如外星异种叫声、船舰运作引擎声响等复杂音效。这些音效不仅丰富了游戏世界，还提升了玩家的游戏沉浸感。

　　这些经典游戏的声音设计案例不仅展现了声音设计师的创意和才华，更揭示了游戏声音设计在提升游戏体验方面的重要性。通过深入分析这些案例，我们可以更好地理解游戏声音设计的要点和技巧，为未来的游戏开发提供借鉴和启示。

课后练习

一 多选题

1.在游戏UI界面设计中，哪几类元素对于提升用户体验至关重要？

A.图标设计　　　　　　B.色彩搭配　　　　　C.交互反馈　　　　　D.页面布局

2.如何评估游戏声音设计得是否成功？

A.玩家反馈和满意度调查

B.游戏销售量和用户活跃度

C.行业奖项和专家评价

D.声音设计的创新性和技术实现

二 简答题

1.简述游戏UI界面设计的基本原则。

2.请描述游戏UI界面设计流程中的主要步骤。

Hudong Youxi Sheji

第十一章
游戏引擎

教学目的：掌握游戏引擎的基本概念、核心功能及开发流程。

教学要求：学生需具备基础的编程知识，了解游戏项目开发的流程。

本章重点：游戏引擎的架构与渲染系统。

本章难点：理解游戏引擎的复杂架构，在实际项目中灵活运用引擎功能进行创意实现。

第一节　游戏引擎的概念

　　游戏引擎是一种已编写好的电脑游戏系统或交互式实时图像应用程序的核心组件。它为游戏设计者提供了制作游戏所需的各种工具，涵盖了建模、渲染、动画、特效、物理系统、碰撞检测以及网络特性等多个方面。游戏引擎就像一个强大的动力源，推动着游戏的运行与创作，简化了开发流程，助力实现游戏中的各种功能和效果。

　　游戏引擎的发展历程如下：早期游戏开发阶段，在20世纪80年代，游戏开发还处于初级阶段，大多数游戏都是针对特定硬件平台定制开发的，游戏引擎的概念尚未形成。开发者们逐渐意识到存在重复劳动的问题，开始尝试构建更便捷的开发工具。游戏引擎的诞生时期，90年代初，随着PC游戏的兴起，游戏引擎的概念逐渐形成。ID Software公司推出的《德军总部3D》和《毁灭战士》系列游戏，标志着第一代游戏引擎的诞生，这些引擎为后续的3D游戏开发奠定了基础。随着商业游戏引擎的崛起，进入21世纪，商业游戏引擎开始崭露头角。Unreal Engine、Unity等引擎的出现，为开发者提供了跨平台的支持和丰富的功能，极大地推动了游戏开发模式的变革。开源游戏引擎的发展方面，与此同时，开源游戏引擎如Godot、Blender Game Engine等也逐渐受到开发者的青睐。这些引擎凭借其免费、可定制的特性，促进了技术的共享和知识的传播。

　　游戏引擎的主要类型分为两类：2D游戏引擎，主要用于制作2D游戏，通常包括图形渲染、动画、碰撞检测、输入处理等功能。常见的2D游戏引擎有Unity 2D、Cocos2D、GameMaker Studio等；3D游戏引擎主要用于制作3D游戏，具备3D模型导入、物理模拟、光照、特效等功能。常见的3D游戏引擎有Unity 3D、Unreal Engine、CryEngine等。

第二节　游戏引擎的架构与核心组件介绍

　　游戏引擎作为电子游戏开发的核心技术，不仅提供了一套完整的工具和框架，还凭借其精细设计的架构和核心组件，助力开发者高效地构建并管理游戏中的各类元素。这些核心组件——渲染引擎、物理引擎、音效系统和AI系统，共同铸就了游戏引擎的强大基础。

一、渲染引擎

渲染引擎作为游戏引擎的图形显示核心，承担着把3D模型、纹理及光照效果转化为逼真图像的任务。它不仅支持OpenGL、DirectX、Vulkan等多种图形API，保证游戏在不同平台上都能呈现出出色的图形效果，还善于处理阴影、特效、景深等复杂图形细节，为玩家带来视觉盛宴。在Unity引擎中，开发者能够利用其内置的渲染管线，轻松调整光照、阴影和材质参数，实现个性化的视觉效果。

二、物理引擎

物理引擎通过模拟现实世界的物理规律，如重力、碰撞和摩擦，为游戏增添真实感。它给刚性物体赋予物理属性，精确计算其运动、旋转和碰撞反应，让游戏物体运动更加自然。同时，物理引擎还支持复杂的机械装置模拟，为开发者提供了广阔的创作空间。在Unreal Engine中，开发者可利用物理引擎来模拟车辆行驶、物体跌落等物理现象。

三、音效系统

音效系统在游戏引擎中同样占据举足轻重的地位。它负责处理游戏中的声音播放，涵盖音效、背景音乐和语音等。通过3D音效定位和空间音频技术，音效系统能够依据玩家的位置和方向变化，动态调整声音效果，进而增强游戏的沉浸感和真实感。

四、AI系统

AI系统能为游戏中的角色和物体赋予智能行为。它支持寻路、决策制定、战斗AI等多种功能，让非玩家角色能够自主行动、做出合理反应。随着机器学习和神经网络技术的不断进步，现代游戏引擎中的AI系统已能够实现更加复杂的智能表现，如自适应学习和情感模拟等。

第三节　主流游戏引擎介绍

在游戏开发领域，选择合适的游戏引擎对于项目的成功至关重要。当前最为流行且功能强大的四款游戏引擎是Unity、Unreal Engine、Cocos与Godot。

一、Unity 游戏引擎

Unity 是由 Unity Technologies 公司开发的跨平台专业游戏引擎，广泛应用于 2D 和 3D 游戏的开发。它提供了丰富的 API 和工具，让开发者能够轻松创建交互式的 3D 场景和应用程序。Unity 拥有高度优化的图形渲染管线，无论是 2D 游戏还是 3D 游戏，都能呈现出美轮美奂的画面效果。

图 11-1　Unity 引擎与游戏《原神》

《原神》是一款由 miHoYo 开发的开放世界冒险游戏，自发布以来便凭借广阔的探索空间、丰富的角色设定和精美的画面效果赢得了全球玩家的青睐。这款游戏采用 Unity 引擎进行开发，充分利用了 Unity 跨平台支持、易用性强以及强大的渲染能力（见图 11-1）。

二、Unreal Engine（虚幻引擎）

Unreal Engine（虚幻引擎）是由 Epic Games 公司开发的全球知名的游戏开发引擎，以其强大的功能和广泛的应用领域而闻名。虚幻引擎为开发者提供了一套极为全面且功能强大的工具集，可打造出极其逼真的光影效果、材质质感以及精细的场景细节。

《黑神话：悟空》是一款备受期待的动作角色扮演游戏，它以华丽的画面和逼真的物理效果吸引了众多玩家的关注。这款游戏采用虚幻引擎进行开发，充分利用了虚幻引擎在图形渲染和物理模拟方面的优势。当角色挥动武器时，武器与空气间的摩擦、碰撞会产生逼真的物理反应；当角色跳跃或奔跑时，衣物的摆动、飘动也会呈现出自然的物理效果。这些物理模拟效果为游戏增添了更多真实感与沉浸感（见图 11-2）。

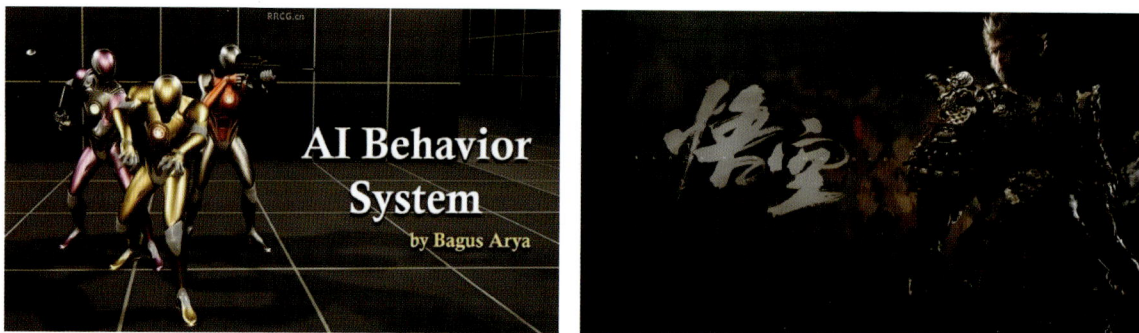

图 11-2　虚幻引擎与游戏《黑神话：悟空》

三、Cocos 游戏引擎

Cocos 是由厦门雅基软件有限公司推出的数字内容开发一站式解决方案，具有开源、免费、轻量、高性能等特点。Cocos 提供了全套的引擎和开发工具，涵盖了从前期设计、资源制作、开发调试到打包上线的全套解决方案。《开心消消乐》是一款非常流行的休闲益智游戏，以其简单易上手、关卡设计丰富多样吸引了大量玩家。这款游戏采用 Cocos 引擎进行开发，充分利用了 Cocos 引擎在 2D 游戏开发方面的优势。在《开心消消乐》中，玩家需要频繁进行图形渲染和物理计算来完成消除任务。Cocos 引擎的高效性能让这些操作变得轻松自如，从而保证了游戏的流畅性和稳定性（见图 11-3）。

四、Godot 游戏引擎

Godot 是一款开源、多平台的 2D 和 3D 游戏引擎，它支持 Windows、MacOS、Linux、Android、iOS、HTML5 等多种平台，且完全免费。《杀戮尖塔 2》是一款备受好评的策略卡牌游戏，该游戏采用 Godot 引擎进行开发，充分利用了 Godot 引擎开源且具灵活性的优势（见图 11-4）。

图 11-3　Cocos 引擎与游戏《开心消消乐》

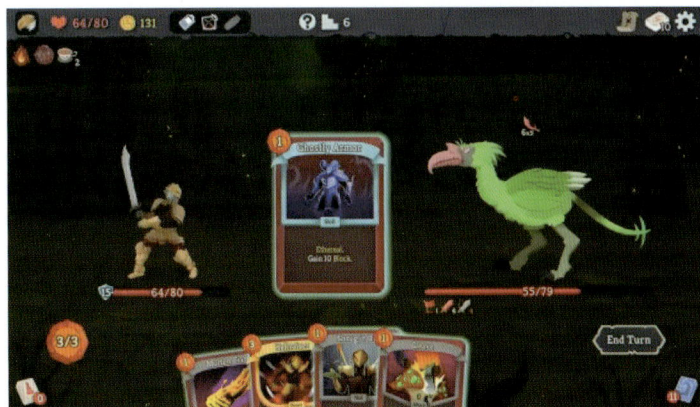

图 11-4　Godot 引擎与《杀戮尖塔 2》

不同游戏引擎在游戏开发中各有独特优势和特点。选择合适的游戏引擎对游戏的成功至关重要。Unity引擎凭借其跨平台支持和易用性广受欢迎；虚幻引擎在图形渲染和物理模拟方面表现优异；Cocos引擎为2D游戏开发、Godot引擎为开源游戏开发分别提供了优秀的解决方案。

第四节　基于游戏引擎的案例分析

一、角色扮演游戏《失落博物馆》制作流程

1. 确定主题

在制作游戏的初步阶段，首要任务是明确总体的创意导向，即"聚焦于古代文物主题，将传统文化融入游戏之中"。确定这一宏观方向后，选定"曾侯乙编钟""越王勾践剑""清明上河图""司母戊大方鼎"作为游戏核心关卡的设计元素。这四件国宝不仅各具特色，还蕴含深厚的文化价值与历史故事，能极大丰富游戏的内容层次，提升玩家的探索体验。为进一步提升游戏的挑战性与吸引力，将"传国玉玺"（中国古代权力的象征）设定为最终关卡的BOSS角色。

2. 剧情及关卡设定

在游戏中，玩家将扮演一位偶然踏入一座神秘失落博物馆的角色，开启一场别开生面的冒险之旅。博物馆内设有形形色色的工作人员，他们不仅是游戏中的NPC角色，更是连接现实与虚拟世界的桥梁，能为玩家提供线索与帮助。而且主角的父母也有自己的背景故事，这些故事会随着游戏深入逐渐揭晓，为整个冒险增添更多情感色彩与深度。

"四件文物"分别守护博物馆的四个主馆，对应"礼器、乐器、兵器、书画"。玩家拿到这四个馆的镇馆之宝后，将揭开BOSS的阴谋。以下为关卡设定：

礼器关卡（鼎）：玩家需穿越一座庄严的古宫殿，解开宫殿中的谜题，找到隐藏在神秘房间里的古代礼器鼎。

乐器关卡（编钟）：在一个迷幻的音乐殿堂，玩家要完成一系列音乐谜题，演奏正确旋律，才能让编钟现身。

兵器关卡（剑）：玩家进入一个古代战场，奇怪的是周围人群都从玩家身体穿过，玩家需找到战场中某一把特殊的剑。触碰这把剑后，玩家将被传送到这个国家的封国大典现场，见证该朝代的更替。

书画关卡（山水画）：探险者穿越风景如画的山水之境，解锁山水画中的密码，找出隐藏在山谷

或瀑布背后的珍贵山水画。

玉玺关卡（BOSS关卡）：在一座神秘的古代王宫中，玩家要破解王宫的保护机制，找到被封印的玉玺，同时面对历史谜团和宫廷阴谋。

3. 绘制地图草图及游戏流程图

在主线剧情及关卡设定完成后，开始绘制游戏草图，确立游戏流程（见图11-5、图11-6）。

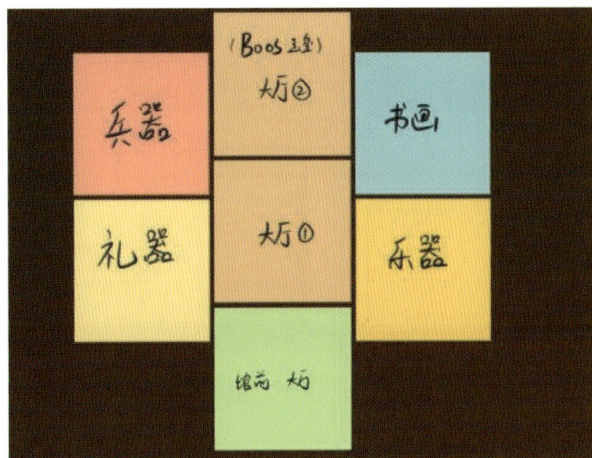

图 11-5　《失落博物馆》游戏草图

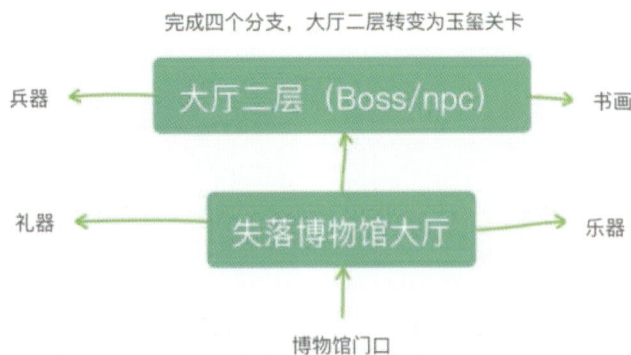

图 11-6　《失落博物馆》游戏流程

4. 游戏制作流程

（1）使用 Aseprite 软件进行游戏人物行走图的绘制与制作（图11-7）。打开软件后，将界面大小设置为64 px×64 px，勾选背景透明选项，点击确认，设置如图11-8所示。

图 11-7　Aseprite 绘图软件

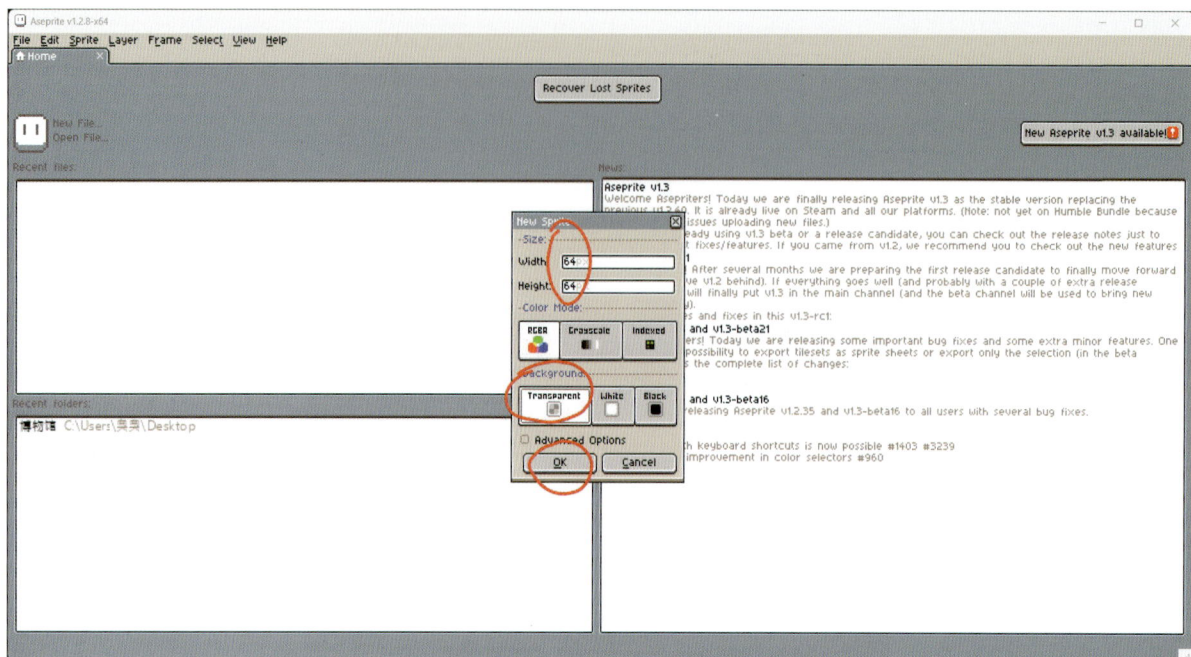

图11-8 设置画面尺寸

（2）根据所绘人物立绘，在软件中绘制该角色的像素图。绘制出正面人物像素图后，依次画出前、后、左、右四张人物图，并添加动画帧，制作人物行走的动画。1~3帧为正面行走（见图11-9），4~6帧为左侧行走（见图11-10），7~9帧为右侧行走（见图11-11），10~12帧为背面行走（见图11-12），设置好后保存人物行走图。

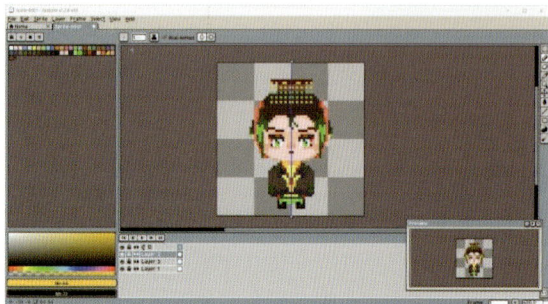

图11-9 绘制角色"传国玉玺"正面图

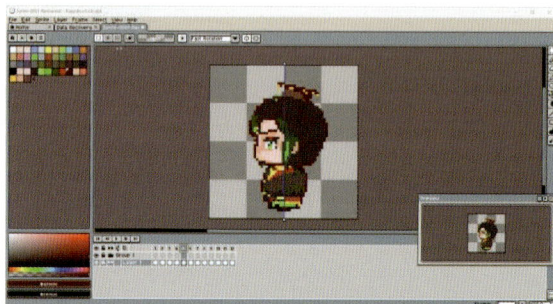

图11-10 绘制角色"传国玉玺"左侧图

图11-11 绘制角色"传国玉玺"右侧图

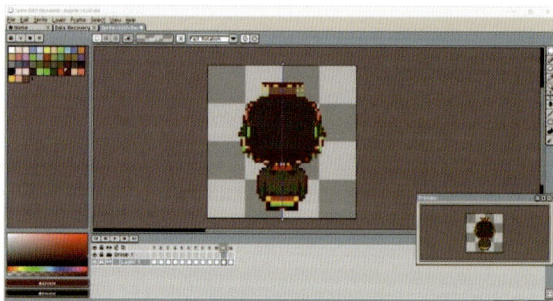

图11-12 绘制角色"传国玉玺"背面图

（3）将参数调整为3×4，尺寸设置为192×256；选择保存路径，即选定要保存的位置（见图11-13）。注意，保存的文件名称前一定要加上"＄"符号，保存后即可查看角色行走完成图（见图11-14）。

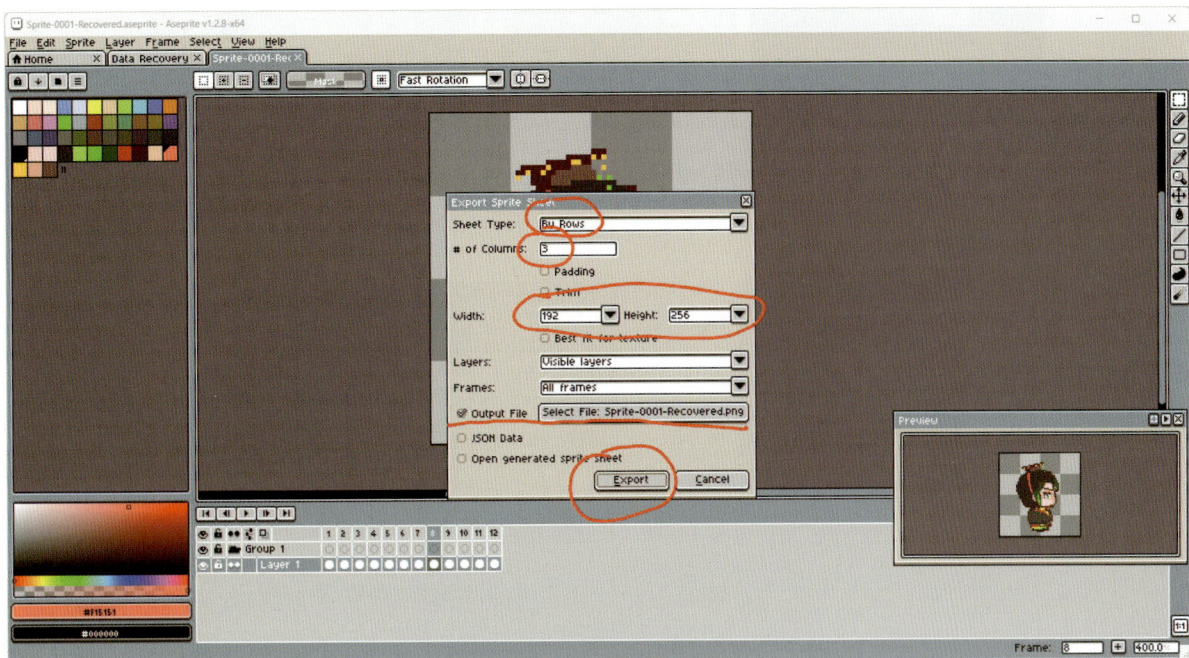

图11-13　调整角色"传国玉玺"行走图参数

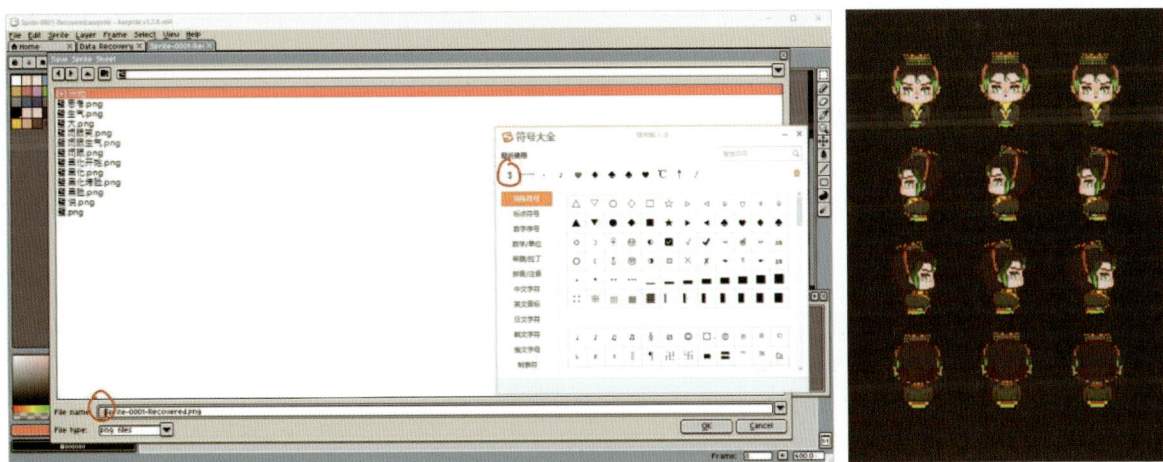

图11-14　保存角色"传国玉玺"行走图到指定路径

5. 游戏场景制作

使用RPG MAKER制作软件进行游戏场景及关卡的绘制与制作（见图11-15），流程如下。

（1）新建项目，修改游戏文件名和游戏标题，根据需求调整项目存储位置，点击确定后开始游戏制作（见图11-16）。

图 11-15   RPG MAKER 游戏制作软件

图 11-16   新建游戏名称

（2）开始地图绘制，点击左下角红圈标注处，再用鼠标右键单击左下方区域，新建游戏地图并进行绘制（见图 11-17）。

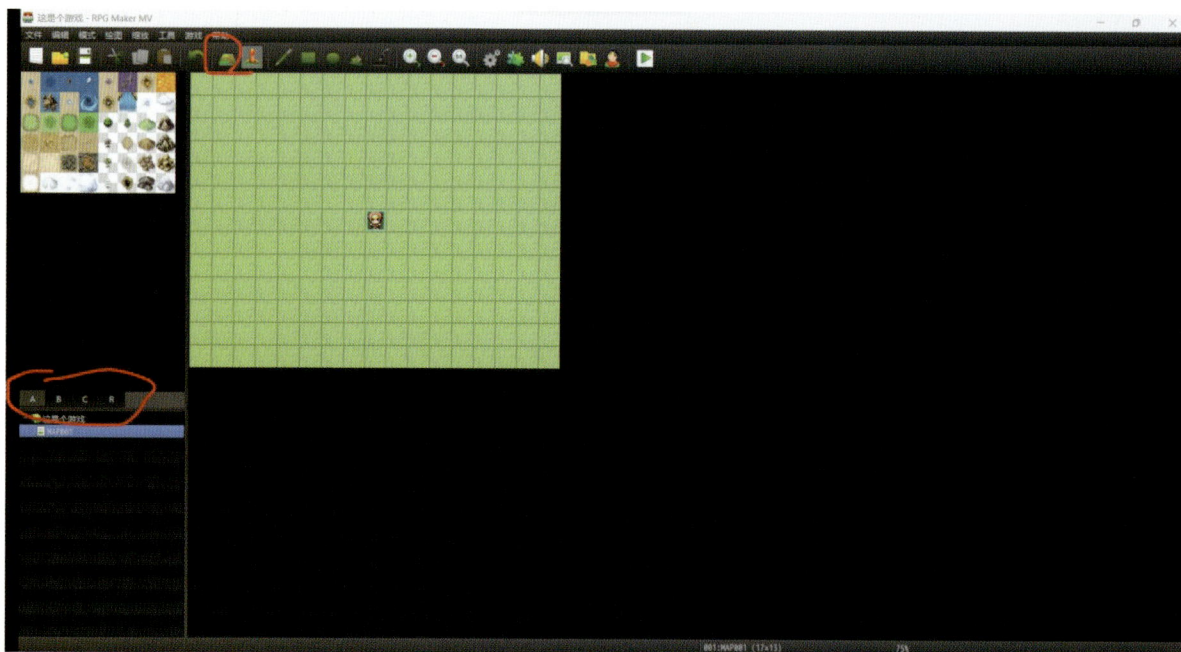

图 11-17   新建游戏地图

（3）设置基本参数，修改名称和显示名称，挑选图块样式，设定地图的宽度和高度，设置 BGM 或 BGS 播放（见图 11-18）。

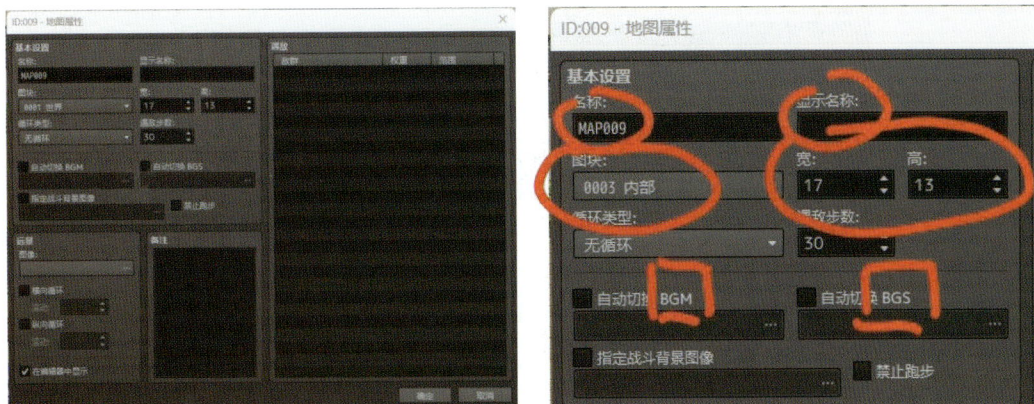

图 11-18　设置基本参数

（4）运用工具绘制好所有所需地图，点击素材后在透明网格中拖动即可完成绘制（见图 11-19）。

图 11-19　绘制地图

（5）打开左上角工具栏，点击素材管理，找到角色行走图项目并导入先前绘制的行走图（见图 11-20），关闭素材管理窗口，返回工具界面，点击数据库。

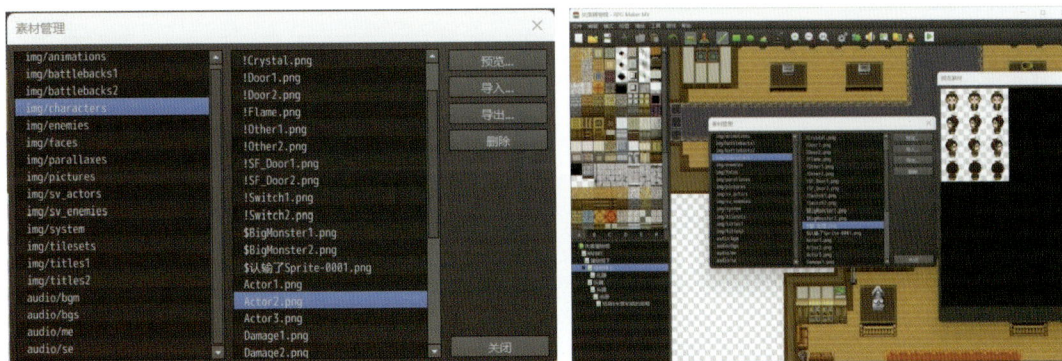

图 11-20　导入角色行走制作图

（6）在角色栏中设置主角，添加脸图和行走动作图（见图 11-21）；在物品栏中设置游戏道具（见图 11-22）。

图 11-21　设置角色脸图与行走动作图

图 11-22　设置游戏道具图

（7）设置地图图块，设置通行图块，"×"代表禁止通行、"○"代表可以通行。通过"四方向"设置行走方向，然后点击右下角"确定"和"应用"按钮，完成素材设置（见图 11-23）。

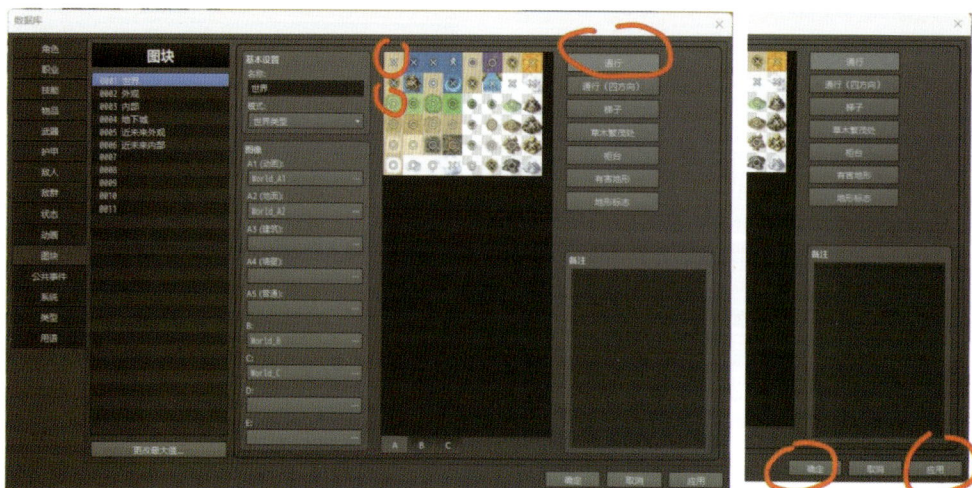

图 11-23　设置地图通行图块

6. 事件编辑

（1）点击圈中的图标开始事件编辑（见图11-24）。

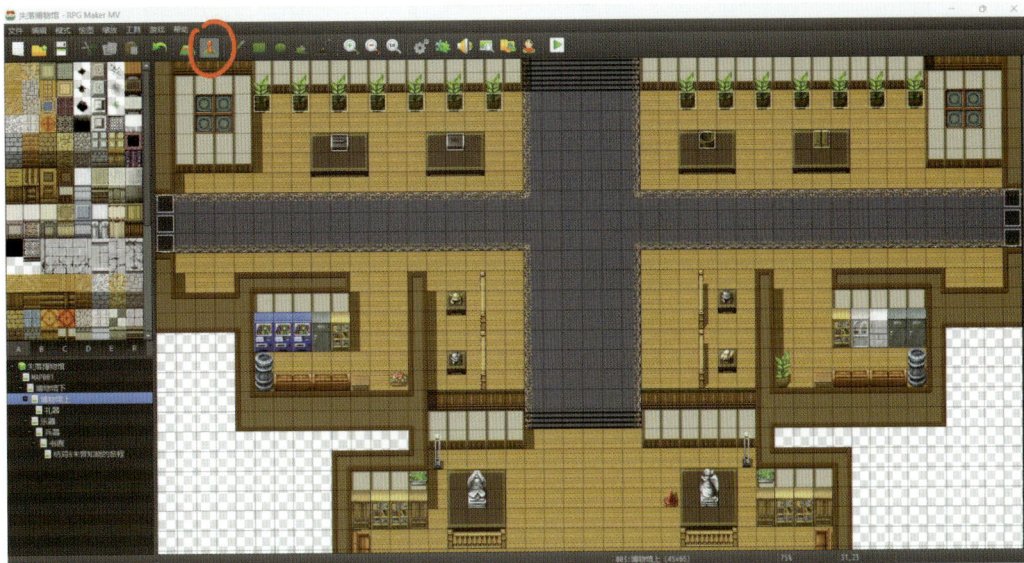

图 11-24　编辑事件

（2）点击移动，把每个地图连接起来，使玩家可以自由地探索各个房间（见图11-25）。

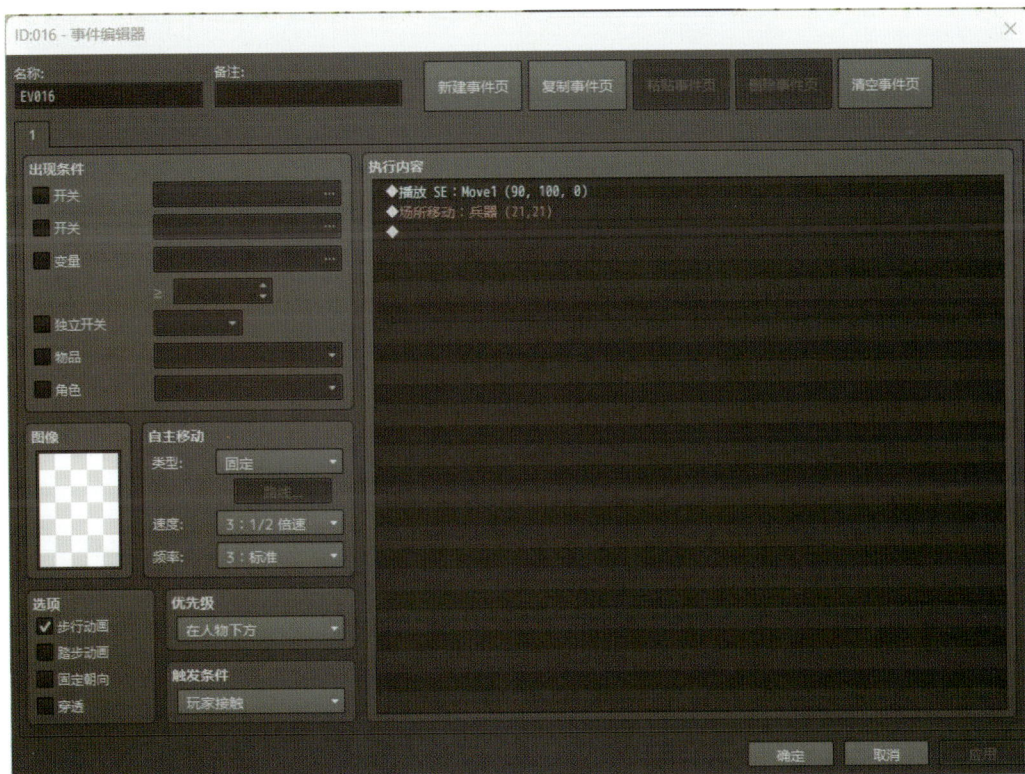

图 11-25　将事件在地图上串联

（3）编辑场景物品交互，设置存档点（见图11-26），设置玩家的起始位置（见图11-27）。

图 11-26　设置存档点

图 11-27　设置玩家起始点

（4）设置NPC事件，选择人物图像，设置文字，添加对白和脸图，调整触发条件，编辑事件顺序（见图11-28）。

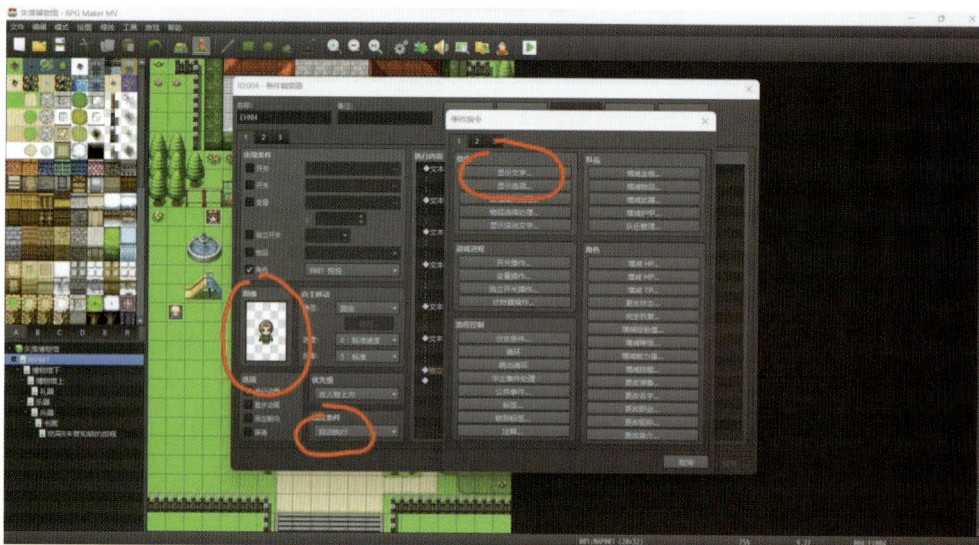

图 11-28　编辑事件顺序

（5）设置触发条件以避免事件混乱，通过添加选项开关来增加结局分支（见图11-29）。

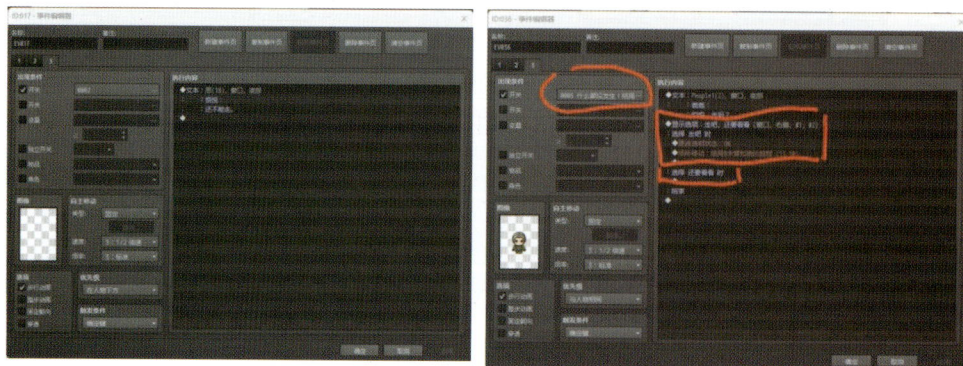

图 11-29　增加结局分支

7. 游戏测试

点击图中圈内图标以开始游戏测试，查看游戏能否正常运行（见图11-30）。

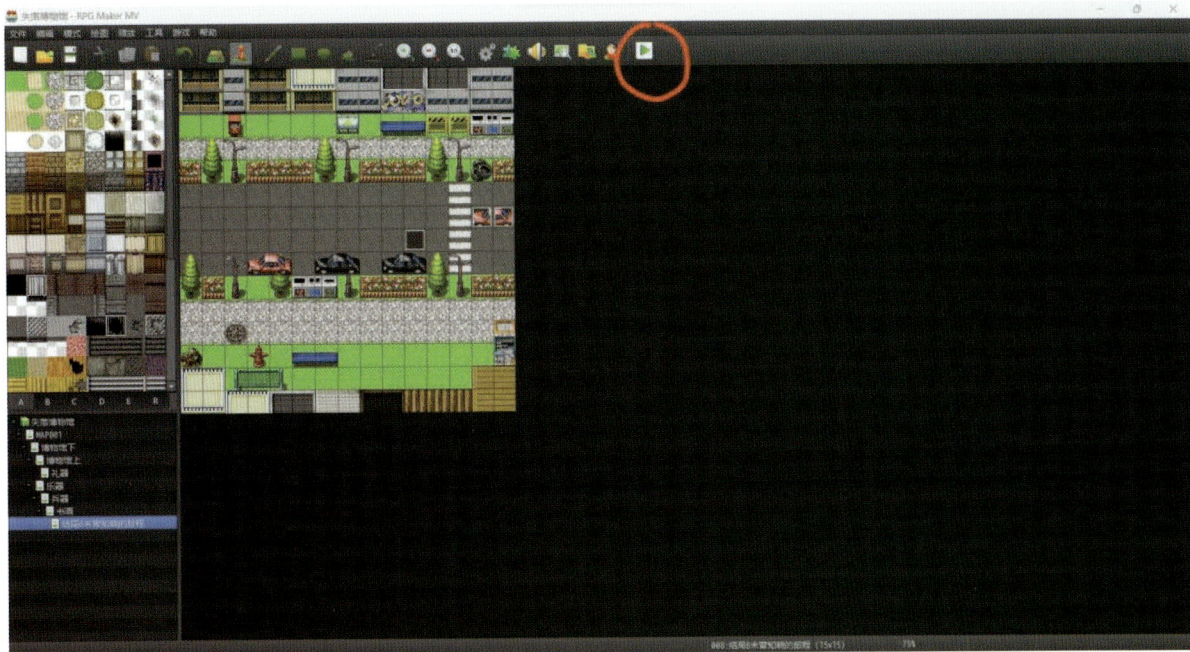

图11-30　测试游戏

二、基于AIGC的游戏《梦回三国》的制作

1. 确定主题

《梦回三国》是一款以三国为主题的角色扮演视觉小说游戏，玩家将以第一人称视角，从主角的出生、成长、抉择等多方面做出不同选择，触发不同的人生结局。

2. 剧情及关卡设置

在详细规划流程安排前，还需要按照游戏的主要内容和故事主旨对游戏中的部分基础人物和情节设定进行设计，需要考虑如下几点。

（1）设定世界观。

时代背景：确定故事发生的时代，例如三国时期的哪个阶段。

地理环境：描述游戏世界的地理环境，包括各个国家、城市、地形等。

（2）主要角色设计。

主人公：设计主人公，涵盖名字、出生背景、目标等。

三国名将：确定主要的三国名将作为角色，每位名将具备独特的性格。

反派角色：设计敌对势力的反派角色，明确其动机和目标。

（3）主线与支线任务设计。

主线情节：制定主线任务的核心情节，包括主人公的目标、面临的挑战以及解决问题的过程。

角色支线：为主要角色及一些次要角色设计支线任务，深化其背景和个性。

（4）游戏世界互动。

社会系统：创建一个社会系统，让玩家的行为影响游戏世界的社会结构和政治格局。

敌对势力：描述敌对势力的来源、规模、领导人等。

3.游戏美术设计

市面上有着非常丰富且强大的AIGC生成工具（如Midjourney、Stable Diffusion、ChatGPT、文心大模型等）以及图像生成算法（如GAN、变分自编码器等）。这些工具极大提升了我们游戏制作的效率，对于游戏制作入门者来说也非常便利。将ChatGPT（以下简称GPT）和Midjourney（以下简称MJ）相结合，还能提高我们对图像生成准确度的把控。

以《梦回三国》游戏的主要画面内容和人物为例。开头有一幕："在清晨的渔村，海浪轻声拍打着岸边，微风中弥漫着海水的咸香。木屋内，昏黄的灯光摇曳，地板上传来微弱的吱吱声。母亲紧抱着一个婴儿，小小的身影在她怀里微微颤抖。"当设计好画面整体效果后，我们可以在内心想象出整个场景画面，并尽可能详尽地用形容词描述出来。打开GPT的对话框，我们可以输入以下指令：

```
A small dog that misses home, with a sad look on its face and its tail
tucked between its legs. It might be standing in front of a closed door or a
gate, gazing longingly into the distance, as if hoping to catch a glimpse of
its beloved home.
```

确认指令生效后，我们将刚刚预先想好的画面尽可能清晰简洁地描述给GPT，然后等待GPT给出回复（见图11-31）。

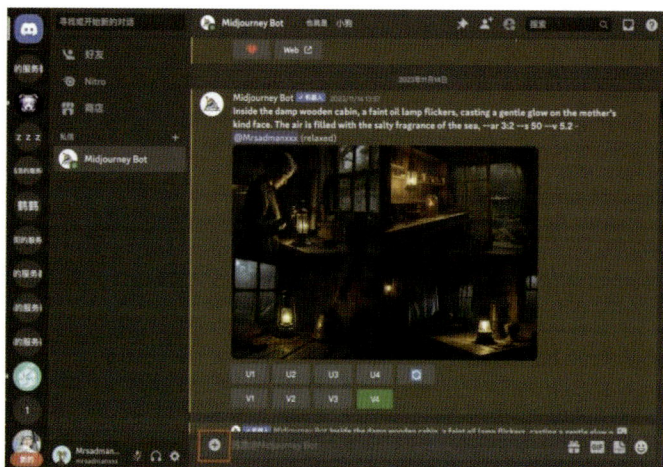

图 11-31　输入关键词

在GPT给出我们所需内容的翻译后，可以复制翻译结果。打开Midjourney的对话框，粘贴刚刚复制的文案即可。当需要自己直接输入编辑好的关键词时，也可以点击对话框旁的"+"，点击"/使用App"选择"/imagine prompt"后进行输入（见图11-32）。

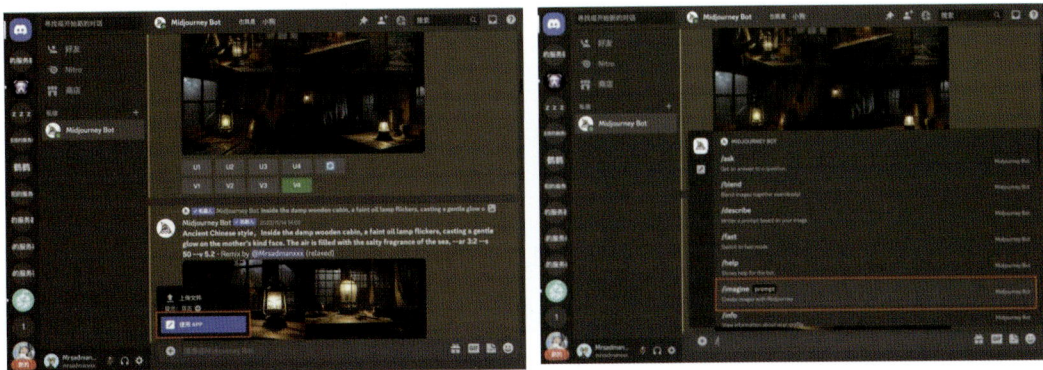

图11-32　优化关键词生成图片

指令输入完成后，等待模型生成，可见模型完全依照我们描述的元素构建好了四幅不同的画面。但我们要制作的是以三国为主题的游戏，所以呈现的写实欧美风格画面显然不符合需求。这时需进一步修改关键词，例如在GPT刚刚生成的文字基础上加上"三国时期""中国风""手绘风格"等风格化形容词，以进一步调整画面效果（见图11-33）。

图11-33　调整关键词生成场景图

调整后的口令如下：

illustration style, Chinese ancient battle scenes, Chinese ink and wash style. Inside the damp wooden cabin, a faint oil lamp flickers, casting a gentle glow on the mother's kind face. The air is filled with the salty fragrance of the sea. Chinese poem art style, Chinese swordsmen film tale, highly detailed, dynamic, cinematic, stunning, realistic lighting and shading, Jin

```
Yong style, vibrant, 8k, octane render, Unreal Engine, very detailed, con-
cept art, realistic, CryEngine.
```

图片尺寸调整说明如下：

（1）在官方文档中，V5和Niji 4及以上版本支持任意整数比例。

（2）控制图片比例的正确写法是：结尾逗号 + 空格 + "--ar" + 空格 + 比例。

（3）除 "--ar" 外，"--aspect" 也可控制比例。

（4）默认图片比例为1：1。

（5）如果结尾不加控制比例的命令，将默认生成1：1的图片。

（6）图片比例为1：1时，图片占比较大，更易突出被摄主体，多用于电商类引导用户购买，或产品图和头像设计。

（7）指令中添加了风格的形容词，生成的图片相比一开始描述单薄的场景内容也更加丰富了。将口令重新输入到Midjourney，生成的图片也逐渐趋近我们想要的理想风格和画面内容，但整体仍达不到我们的使用标准，画面逻辑较为混乱，画面内容也偏向日式风格，所以需要进一步调试（见图11-34）。

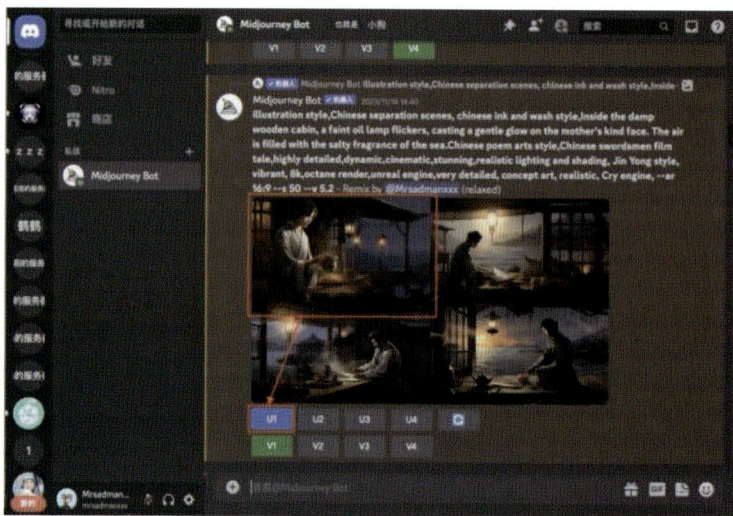

图11-34　进一步调整关键词

在反复调整指令内容后，可以看到生成的画面已达到我们的使用需求。我们挑选出四幅画面中最符合要求的画面，点击画面下的 "U1"（U1指第一张图，U2指第二张图，以此类推）确定使用，让模型导出更清晰的画面。完成以上内容后，AI图片生成的基本流程就走完了，其他图片也可按照以上流程步骤生成。

相对于人物和某个场景的局部细节生成，全景视角下的大场景更容易达到我们理想的效果。如图11-35所示，同样可以用以上生成的风格形容词替换主体内容，这样便于画面风格统一，降低出图的试错成本。

以上场景生成指令如下：

A traditional ancient Chinese fishing village in the early morning, impoverished, captured in a wide-angle aerial view, illustration style, Chinese ancient battle scenes, Chinese ink and wash style, Chinese poem art style, Chinese swordsmen film tale, highly detailed, dynamic, cinematic, stunning, realistic lighting and shading, Jin Yong style, vibrant, 8k, octane render, Unreal Engine, very detailed, concept art, realistic, CryEngine.

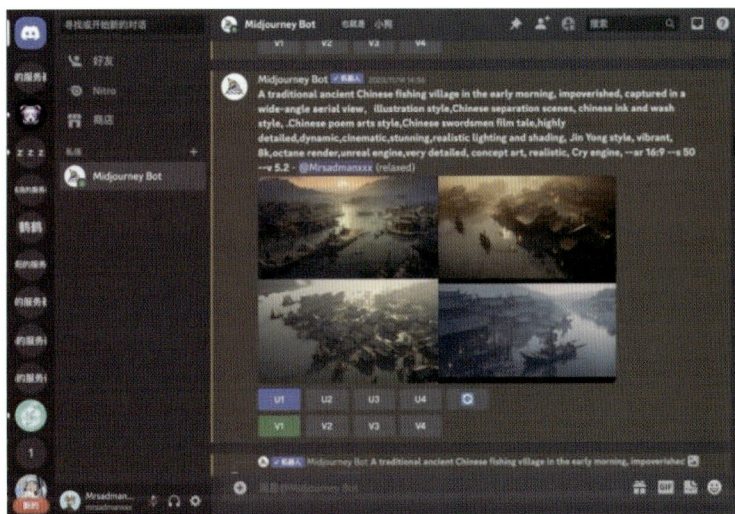

图11-35　调整场景细节

参照以上步骤，可以生成制作游戏的全部视觉内容。在生成人物图片时，大部分生成的人物图片都带有场景背景，不能直接使用，我们可以尽量挑选人物轮廓清晰、人物部分完整的图片，这样方便后期处理和再加工（见图11-36）。

图11-36　AI生成的人物形象

4. 游戏编辑制作

（1）打开橙光制作软件，新建一个项目，会出现项目新建界面（见图11-37）。

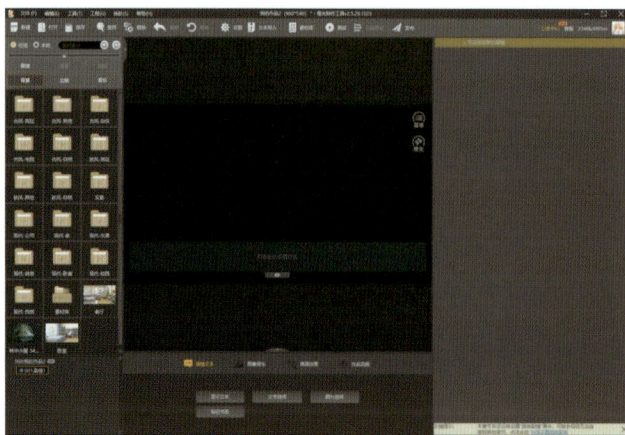

图 11-37　新建项目

（2）双击画面中的编辑文字，我们便能打开文字编辑器，输入文字，将剧本文字录入项目之中（见图 11-38）。右键点击背景空白处，在弹出的提示中点击打开项目分类目录，可快捷寻找到项目背景文件夹。

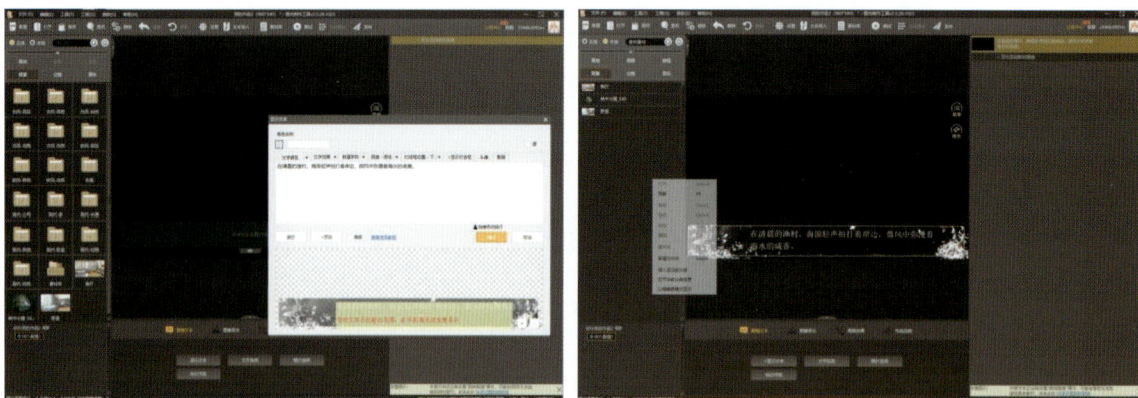

图 11-38　编辑文字

（3）将我们所需的背景图片导入文件夹中，回到橙光制作软件，选中所需图片，将其拖入中间的黑幕区域，完成项目图片的导入（见图 11-39）。

图 11-39　导入图片

（4）在右边双击添加新剧情，同步进行上部分操作，添加新的剧情与画面。在下方的剧情文本中，选择文字选项，会出现游戏选项互动设置。输入符合剧本的选项，即可完成文字选择操作，运行测试后导出（见图11-40）。

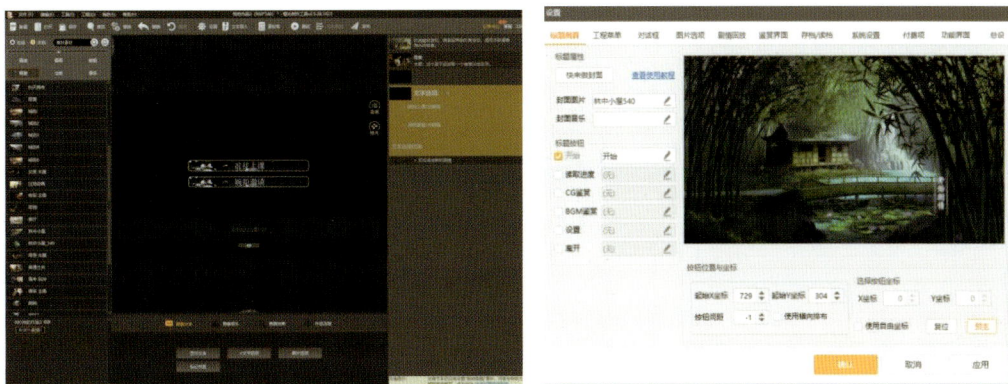

图 11-40　导出图片

课后练习

一　单选题

1.以下哪个游戏引擎是由 Unity Technologies 开发的？

A. Unreal Engine　　　B. Unity　　　C. CryEngine　　　D. Cocos2d-x

2.在 Unreal Engine 中，哪个是蓝图系统的核心？

A. C++　　　B. Blueprints　　　C. Materials　　　D. Levels

二　多选题

1.游戏引擎的主要功能包括哪些？

A. 图形渲染　　　B. 物理模拟　　　C. 音频处理　　　D. 数据库管理

2.Unreal Engine 中的蓝图系统能够实现哪些功能？

A. 创建游戏逻辑　　　B. 设计用户界面　　　C. 编写自定义脚本　　　D. 制作3D模型

三　简答题

简述游戏引擎在游戏开发过程中的作用。

Hudong Youxi Sheji

第十二章
移动端 App 集成 UE 的实践

教学目的：掌握游戏引擎在提供完备3D内容支持方面的优势，理解其制作管线与运行时系统对3D内容生产和呈现所起的作用。

教学要求：理解游戏引擎的核心架构与功能模块，掌握将Unreal Engine集成到手机QQ中的技术原理。

本章重点：理解性能优化的常用方法，并结合Unreal Engine集成到手机QQ的实际情况，说明如何运用这些方法提高App的运行效率。

本章难点：通过量化指标和用户测试，对优化效果进行客观评估，以便及时调整优化策略。

第一节　移动端App集成UE简介

UE4.27中添加了UE as Library功能，此功能允许开发人员在现有应用程序中嵌入并使用UE。它支持开发人员将UE的功能以模块形式打包，再作为动态链接库导出。官方推出的UE as Library功能仅支持Windows和Linux平台，笔者团队把这种方式应用到移动平台上，在UE4.26版本中完成实现，并将其集成到手机QQ中。

一、价值、意义和对手机QQ相关技术的影响

UE提供了强大的工具链、出色的渲染效果及其他功能。通过将UE集成到QQ中，并开发超级QQ秀这类产品，能够为QQ用户提供高质量的游戏体验，进而提升用户留存率和活跃度，增强QQ游戏平台的竞争力，还能探索新的商业模式。超级QQ秀不仅是一款游戏，也是一款社交娱乐产品，用户可借助超级QQ秀表达自己的情感与创造力。借助这样的产品，QQ能够探索新的商业模式，提升QQ秀的品牌价值，推动QQ业务多元化，为未来发展奠定基础。同时，UE也为在QQ侧进行开发提供了无限可能，能在App中实现更多功能。

二、线上数据和成果展示

SDK优化数据结果如表12-1所示。

表12-1　SDK优化数据结果（iPhone 13 Pro Max）

SDK版本	SDK大小（Binary + CookData）	内存占用	启动耗时
1.4	（109.75 + 205.97）MB = 315.72 MB	347.9 MB	4.12 s
1.9	（58.89 + 84.15）MB = 143.04 MB	220.2 MB	1.65 s

图 12-1 展示了 UE 在 QQ 秀和游戏场景中的应用。

图 12-1　UE 在 QQ 秀和游戏场景中的应用

第二节　UE 的 SDK 优化之旅

作为一个优秀的 SDK，需要满足易于集成、兼容性强、功能丰富、性能卓越且稳定可靠等要求。只有满足这些要求，才能为开发者提供更好的支持与帮助，助力其快速开发出高质量的应用程序。在使用场景方面，UE 从调用者转变为被调用者，不再独占整个进程，需提供作为标准 SDK 应具备的一切接口。要隔离好 SDK 的 Runtime（运行时）机制，使其尽可能与宿主 App 的运行环境分离，从而确保宿主 App 在调用 UE 前后的稳定性。

一、启动器改造——集成移动端 App 的关键起点

为使 UE 能更好地与宿主 App 交互以适应作为 SDK 的需求，需修改 UE 的启动部分，同时要确保 UE 在 App 中的稳定性，期望 UE 的运行环境与宿主 App 的运行环境能相对独立。

1. Android 方案

App 的进程结构整体分为两个部分：Host Process 和 UE Process，如图 12-2 所示。UE 相关内容在一个独立的 UE 进程中运行。这样做的好处是，UE 的运行环境更加纯净，能保证 App 运行更稳定。比如，UE 进程崩溃了，但不会影响宿主 App。

在 UE 的进程内部又分为以下三个部分：

（1）UE4：UE 运行所需的线程集合。

（2）Service：负责从宿主App启动UE的运行环境。

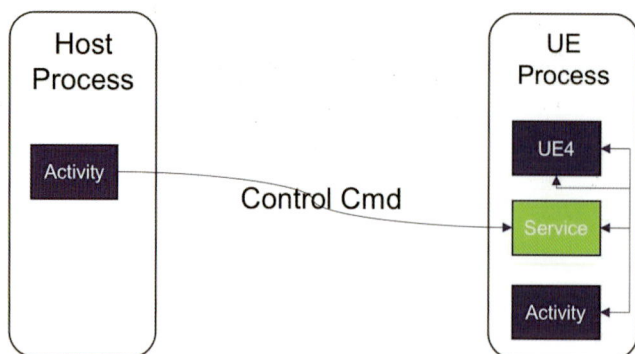

图 12-2　Android 结构设计

（3）Activity：负责承载UE的部分功能，例如小游戏之类的内容。

宿主App唤起UE的流程如图12-3所示，通过Service启动UE4，并将Surface（Surface能让应用程序渲染图像以在屏幕上呈现）传递到UE，UE提供切换Surface的机制，可使用不同类型的Surface来适应不同情况。这些情况包括需要叠加到Native UI上的QQ秀业务场景以及全屏游戏业务场景等。

在Android中，Surface提供了一种将图像渲染到屏幕上的方法，是图像的来源，无论开发者使用何种渲染API，所有内容都会渲染到Surface上。宿主App和UE进行交互的核心在于Android的Surface能够跨进程传输，如图12-4所示。

图 12-3　UE4 中的 Surface 切换

本质上，UE侧从宿主App获取了一项内容，即这个Surface。如此一来，宿主App只需将Surface传递到UE Process这个独立进程中，UE便会依据这个Surface进行处理。

在UE环境初始化时，宿主App会传输一个Surface，并调用一个接口，通过特定方法直接将该对象序列化出来。UE获取结果后，根据这个Surface对象搭建自己的EGL环境，涵盖整个与交换缓冲区相关的内容，整体流程基本就打通了。代码如下所示：

```
JNI_METHOD void UE4_JNI_NATIVE (OnWindowInited)(JNIEnv* jenv, jclass clazz,
jobject surface, jboolean bSetViewportFull)
{
    auto window = ANativeWindow _fromSurface(jenv, surface);
    UE4AndroidActivity_OnWindowInited(window, bSetViewportFull);
```

```
    }

    JNI_METHOD  void  UE4_JNI_NATIVE(OnWindowTerminated) (JNIEnv*  jenv,  jclass
clazz)

    {

        UE4AndroidActivity_OnWindowTerminated();

    }

    JNI_METHOD void UE4_JNI_NATIVE (OnWindowResized)(JNIEnv* jenv, jclass clazz,
jobject surface, jboolean bAdjustDeviceOrientation, jboolean bSync)

    {

        FAndroidWindow:: SetViewportFull( );

        auto window = ANatíveWindow_fromSurface(jenv,  surface);

        UE4AndroidActivity_OnWindowResized(window,  bSync);

    }
```

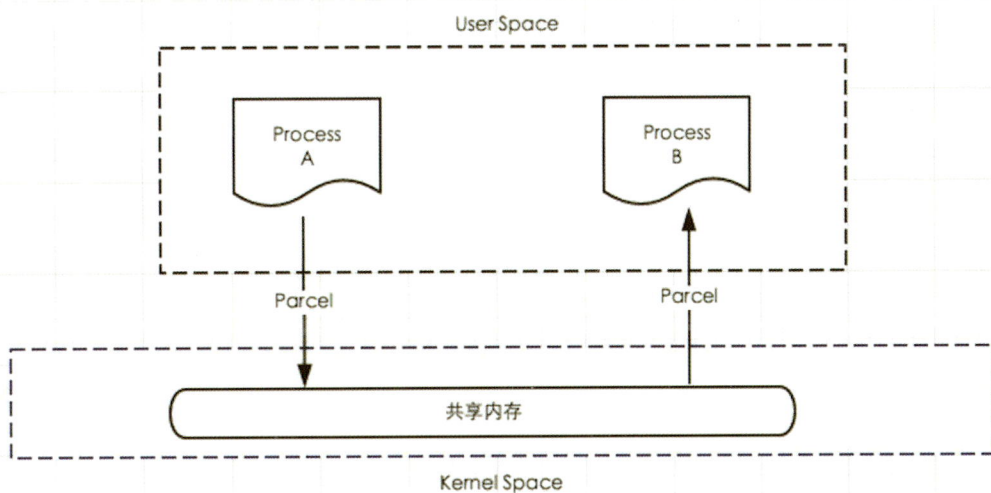

图 12-4　Surface 跨进程传输

图 12-5 展示了 Android 图形渲染中关键组件是如何协同工作的。

在实际使用中，通常不会直接操作 Surface 对象，而是使用基于 Surface 的视图控件（这里用到 SurfaceView 和 TextureView），它们封装了 Surface 的创建、管理和销毁等内容，使用更方便。同时，视图控件还能自动处理与 Activity 生命周期相关的操作，可避免内存泄漏或资源浪费问题。

那该选择 SurfaceView 还是 TextureView 呢？SurfaceView 对应的 Surface 直接被 SurfaceFlinger 消费，并与 SurfaceFlinger 相关联。SurfaceView 可在单独的线程中进行绘图操作，不会影响 UI 线程的性能，性能较高，如图 12-6 所示。

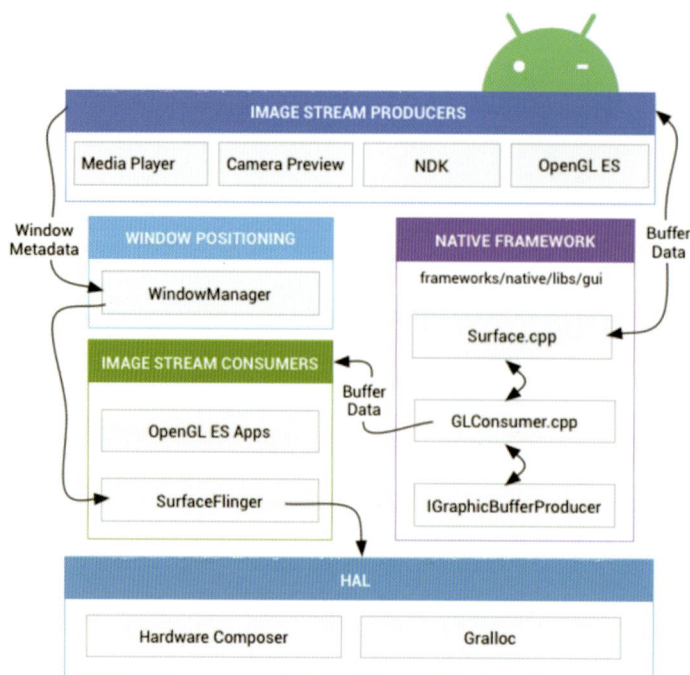

图 12-5　Android 图形渲染流程

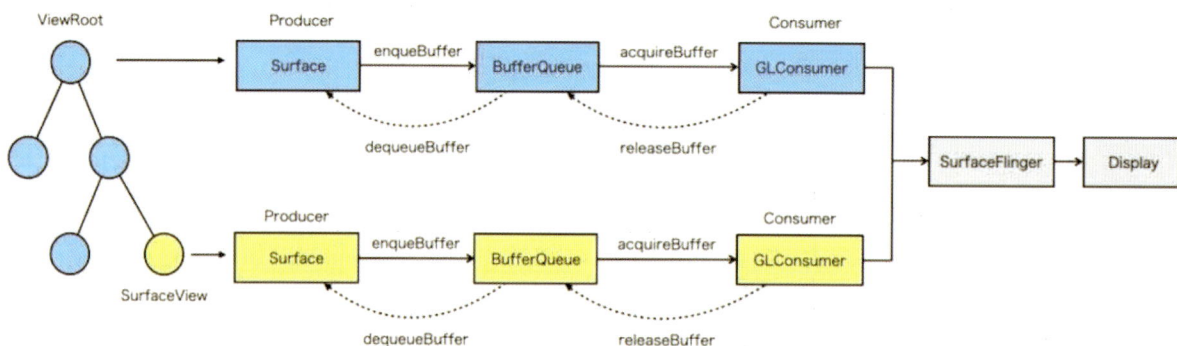

图 12-6　SurfaceView 渲染流程

TextureView 对应的 Surface 需二次渲染到 ViewRoot 上（即 Activity 对应的 Surface），且该过程要在 UI 线程中执行，所以效率较低，如图 12-7 所示。

相较而言，TextureView 功能更多，它最终会融入 UI 框架体系，可将其叠加到 Native 的 UI 上。比如，制作一个动作表情并贴到聊天窗口中，若需要 Alpha 信息，此时就可用 TextureView 解决该问题。在游戏模式下会选择 SurfaceView，因其效率更高。

2. iOS 方案

相较于 Android，iOS 不允许采用多进程结构，所以只能将 UE 嵌入宿主 App，且没有很好的办法规避其产生的不稳定状况。

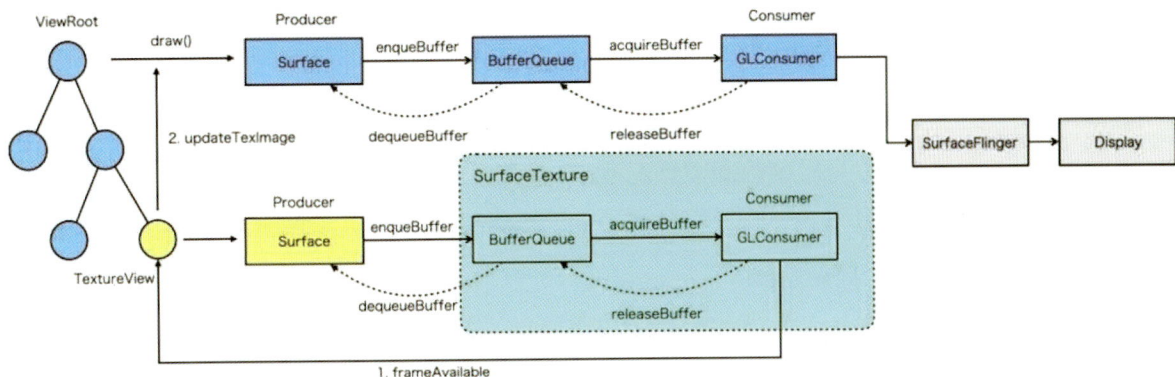

图 12-7　TextureView 渲染流程

App的帧率要求相较于游戏而言比较高，需达到每秒60帧以上。但在某些情况下，UE的单个线程耗时可能达到16 ms甚至更多。比如UE启动过程或加载复杂场景的过程，耗时相对较长，因此需要想办法避免这种情况导致的FPS抖动问题。这里增加了一个Engine Thread（引擎线程）来解决问题。Engine Thread用于与UESDK通信，同时也负责与UI Thread（主线程）交互。该线程中的所有操作均为异步操作，这样能保证在使用App时，UI Thread不会受到任何阻塞。

在iOS中唤起UE的流程如图12-8所示。UI Thread将启动引擎的请求发送给Engine Thread处理，Engine Thread会实际处理UE SDK中的引擎启动逻辑。当引擎启动成功或失败时，UESDK会将返回值返回给Engine Thread，Engine Thread再将结果同步给UI Thread，引擎的启动流程便完成了。

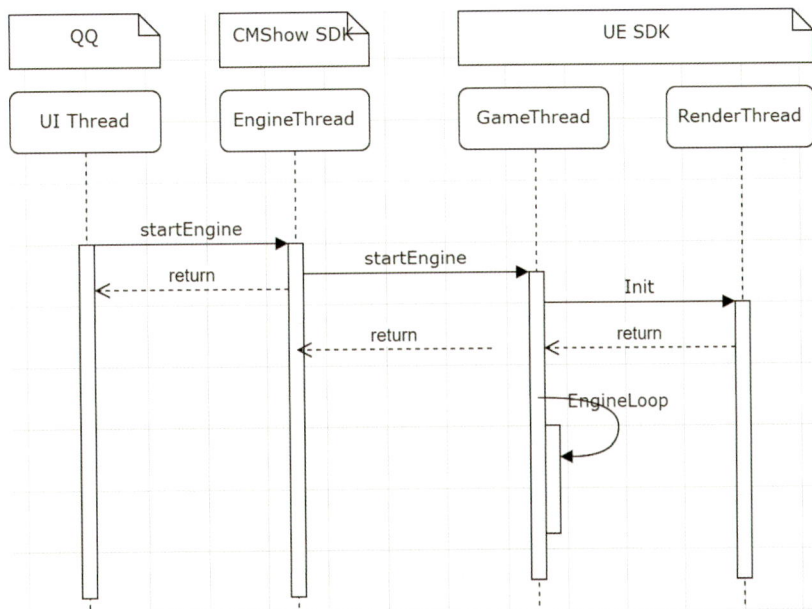

图 12-8　在 iOS 中唤起 UE 的流程

有一个问题需要考虑，即在实际场景中是使用静态库还是动态库。这里根据需求做了一些调整，对静态库和动态库均予以支持。QQ在iOS端支持的最低操作系统版本是iOS 9，但在UE 4.26版本中，由于 Metal 版本的限制，最低仅支持到 iOS 12，使用静态库无法兼容，所以后续工程便以动态库的方式集成到 QQ 中。

还有一点需要注意，UE 内部有大量 Global Data（全局数据），包括各个模块的注册、Vertex - factory Shader Type（顶点工厂着色器类型）相关内容，以及各种反射数据，均基于这些 Global Data 进行链接。在静态库中，这些 Global Data 默认不会被链接进去，需将所有 Global Data 都链接进去，否则会缺失部分运行时功能。

链接成动态库也存在一些问题。比如，UE 本身重载了 New Delete 操作符，一旦该符号表被导出，就会引发宿主 App 崩溃。再比如，宿主 App 新建一个对象时，若 UE 的库尚未加载进来，Global New 和 Global Delete 仍是原来的默认实现，但一旦将 UE 的库加载进来，就相当于覆盖了原来的实现，此时再调用 Delete 就会进入 UE 的库。这是由 Clang 底层的一个问题导致的，通过下面这个宏可修复——它能确保在构建时不导出任何符号，从而提高库的集成性和可移植性：

```
_LIBCPP_DISABLE_VISIBILITY_ANNOTATIONS
```

二、针对移动端 APP 特点的引擎生命周期改造

移动端 App 相较于游戏，内存和 CPU 资源有限，需进行优化与节约；用户使用 App 时，往往要同时处理其他任务，如接电话、收短信等，所以需考虑 App 的生命周期。针对上述特点，要对引擎的生命周期进行改造和优化，以适应移动端 App 的需求。

1. 引擎生命周期改造的目的和整体思路

改造引擎生命周期有两个目的：让宿主 App 能更方便地拉起及结束 UE 的功能；减少 UE 资源消耗，提升 App 性能和稳定性。

主要思路是完善引擎的生命周期，以提供作为 SDK 的对外接口。Active、Quit、Reenter、Destroy、Pause、Resume 是几种改变引擎生命周期的方式。其中，Pause 和 Resume 是为宿主 App 提供的用于暂停和恢复 UE 使用的接口，当不需要 UE 进行渲染但仍希望 UE 处于可立即唤醒状态时调用。

2. Active

引擎唤起的逻辑相对简单，在重构的启动器下，引擎有一套完整的初始化流程。引擎初始化成功后，会加载项目所需的地图关卡，进入正常的 Game Thread 运行逻辑。此处会有首次初始化加载的时间，相对会稍久一些，这里对 UE 初始化进行了精简。整个过程对于这样完整的引擎拉起操作仅有一次，如图 12-9 所示。

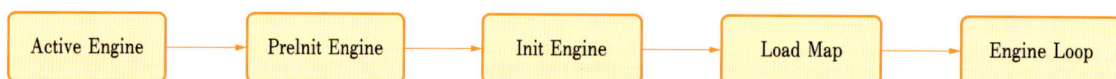

Active Engine → PreInit Engine → Init Engine → Load Map → Engine Loop

图 12-9　引擎唤起的流程

3. Quit

引擎的退出实际上并非一次完整的析构流程，而是释放一些重度资源。从宿主 App 传递退出事件起，引擎便进入退出状态。首先，会清理 Gameplay 所用的数据，然后将引擎退出事件广播出去，让部分模块自行析构。其次，调用 LoadMap 方法加载一个 NullMap。NullMap 是定义的一个概念，可理解为没有资源的场景。引擎退出时加载此 NullMap 场景，目的是执行一遍场景的析构逻辑，对当前地图引用的资源进行全部垃圾回收。在加载 NullMap 的 Game Thread 执行结尾处，停掉引擎的一些模块。由于加载 NullMap 时已执行了一帧 Engine Loop 逻辑，渲染线程实际上已无须再 Flush 内容，可放心停掉 Render Thread。同时卸载与着色器代码相关的资源，引擎退出后便保持在 NullMap 状态，如图 12-10 所示。

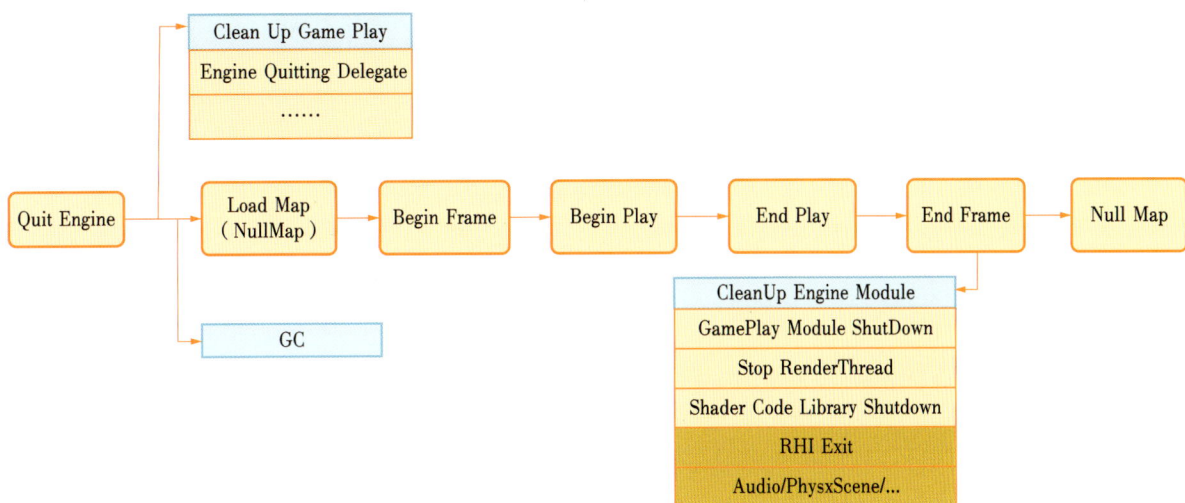

图 12-10　引擎退出的流程

在停止 Render Thread 并卸载与着色器代码相关的资源后，还会停掉 RHI 线程。前文提到需释放引擎相对重度的资源，渲染资源正是这部分较为重度的内容。这里定义一个 RHI 析构方法，释放了渲染所需的 RHI 资源，并记录了资源的引用信息。在 UE 第二次被拉起时，会通过一些方法将其重新加载，而非走完整的 UObject 初始化流程，如此便可让 UE 退出时尽可能保持轻量：

```
// Quit
StopRenderingThread()
FShaderPipelineCache:: Shutdown( );
FShaderCodeLibrary:: Shutdown();
DestroyRHIThread():
RHIExit();
...
```

4. Reenter

UE的初始化是较为重度的操作，不希望每次调起UE时加载时间都过长。引擎第二次被拉起时，会加载一个EmptyMap，EmptyMap与NullMap是相对的概念，会在引擎二次进入时，将引擎退出时析构掉的引擎基础模块及资源重新加载回来，其中包括析构掉的RHI模块，还需把析构掉的UObject也重新加载回来。当所有加载任务完成后，会开启Render Thread，加载实际业务逻辑所需的地图，随后便可进入正常的游戏逻辑流程，如图12-11所示。

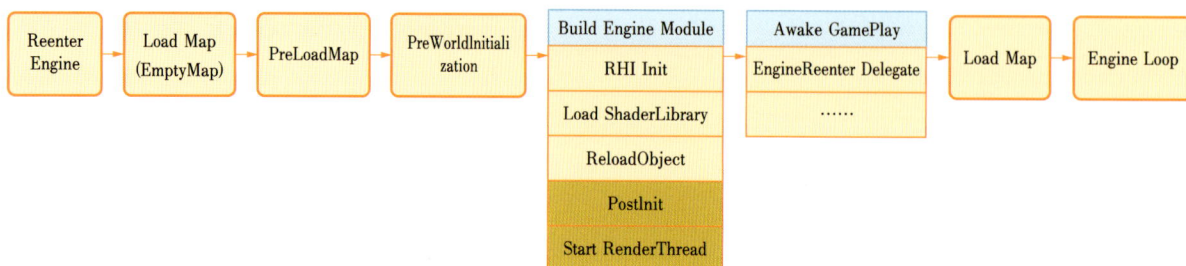

图12-11　Engine Reenter

这里ReloadObject方法的作用是将引擎退出时析构掉的UObject重新加载进来：

```
static void ReloadObject (UObject *Object)
{
    // try to load it again...
    UE_LOG(LogReentry, Log, TEXT ("Reload % s Begin"), *Object->GetFull-
Name());

    Object->ClearFlags(RF_LoadCompleted);

    Object->SetFlags (RF_WillBeLoaded);

    int32 Index = INDEX_NONE;

    FString PathName = Object->GetPathName();

    FString LongPackageName = PathName.FindLastChar('.', Index)?

    PathName.Left (Index): PathName;

    UPackage *Package = LoadPackage(nullptr, *LongPackageName, 0);

    UE_LOG (LogReentry, Log, TEXT("Reload % s End"), *Object->GetFull-
Name());

}
```

5. Destroy

在Destroy（销毁）流程中，并未对UE执行完整销毁操作，UE本身未考虑这种完整析构的情况。因此，在设计生命周期时，UE的Destroy生命周期依附于宿主App，只要UE的代码和资源加载进来，其析构便会随宿主App一同进行。

在Destroy流程中，会挑选一些相对重度的模块进行析构处理，比如与整个渲染相关的资源，包括贴图、网格顶点数据等。此外，在iOS环境下，Metal内部的Metal Queue（队列）的命令缓冲区、Metal解码器等内容会占据大量内存资源。这些内容并非游戏制作资源，而是Metal自身运行时所需的资源，大概会占据20 MB左右的基础资源。对于独立游戏包体而言，这个大小或许不算大，但在App中则较为夸张。所以，这里选择将整个RHI模块析构掉，清除关联的所有RHI资源。并且要注意，在处理iOS下Metal占用的资源时，若一个进程内部存在多个Command Queue（命令队列），即便释放了某一个Command Queue中的所有资源，该Command Queue仍会存在依赖，最终也无法释放，这是Metal的运行时设计特性。

6. Inactive

在某些情况下，UE需要被暂时挂起，比如用户临时返回QQ聊天窗口，且在切回UE应用时，UE能立即响应，同时又不能让UE的程序占用宿主App大量资源，所以这里要对引擎进行Inactive状态的处理。当引擎收到Pause事件时，会进入挂起状态，停止Engine Loop，转而执行更轻量的Tick（周期函数），如图12-12所示。

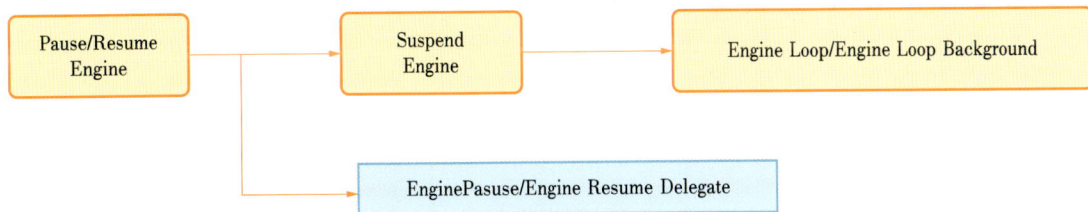

图 12-12　引擎的 Inactive 流程

为何需要这个Tick，而非完全停止所有线程的计算呢？原因是，这样仍能确保UE的View窗口大小随宿主App窗口大小变化实时更新。如此一来，当从App切回UE时，就不会因View大小设置不及时而产生视口缩放效果，影响用户体验。当然，这只是一个例子，还可进行不同程度的处理。不过，在Inactive状态下不能进行渲染，因为渲染线程已被停止，UE也不会承接此类任务。若没有任何需Tick承载的任务，Game Thread也会进入休眠状态，从而进入更轻量的模式。

第三节　针对移动端App需求的引擎极致轻量化

引擎极致轻量化的含义是尽可能缩减引擎的代码规模和内存占用，以契合移动端App包体、内存及性能的需求。为实现这一目标，需运用一些技巧和策略来降低引擎的体积与内存占用，例如剔除无用模块、精简冗余功能、压缩资源文件、优化代码等。

一、包体优化：二进制代码文件

对二进制代码文件大小进行优化能有效减小包体体积，下面将介绍几种减小二进制代码文件大小的方法。

1. 不导出非必要符号表

精简符号表可减小应用程序体积，提升应用程序性能。UE集成的第三方库的符号表均可不导出。在iOS中，动态库导出符号表通过指定Export-Symbols-List进行过滤；在Android中，通过Version Script去除不需要的符号表。如此处理后，UE代码大小能减少约9 MB。

2. 压缩Relocation Section

Relocation Section是可执行文件或共享库的一部分，包含程序运行时需重定位的位置信息。Global Data指程序中定义的全局变量或全局数据，其地址在程序运行时固定。当程序加载到不同地址空间时，Global Data需由Relocation Section中的重定位项修正，以确保程序能正常访问这些全局数据。若程序中的Global Data过多，会使Relocation Section中的重定位项数量增加，进而增大可执行文件或共享库的大小。这不仅会占用更多磁盘空间，还可能降低程序性能，因为加载Relocation Section中的重定位项需额外时间和内存开销。

UE中有大量Global Data，这些Global Data编译成符号表并生成动态库后，所有内容都需重定向。最初在探讨减小二进制代码文件大小的测试过程中发现，Android的ELF格式和iOS的Mach-O格式最终表现的大小差异很大。Android后续部分版本支持了一些特定的重定向表格式，如REL/RELA、RELR、APS2等。由于最低需支持Android 6.0版本，所以选择REL/RELA格式进行处理。通过这种方式，能节省约18 MB的存储空间。

因此，代码中应尽可能减少Global Data及静态对象等内容的使用。例如，可将常量数据延迟分配在Heap段，以确保二进制代码文件不会增大。

3. 精简不必要功能

根据项目需求对一些模块进行精简，如若不需要 Chaos、ICU 等库，可将其替换。

4. 优化编译选项

优化编译选项也可缩减二进制代码文件大小，如表 12-2 所示。使用 Oz 后性能会有所下降，性能损耗约 5%，在可接受范围内。

表 12-2　编译选项优化后的数据

编译选项	二进制代码文件的大小
Disable Force Inline	减小了 11 MB
Oz vs O3	减小了 11 MB
LTO	减小了 8 MB

5. 优化数据结果

表 12-3 展示了 iOS 平台与 Android 平台优化后最终代码文件大小的对比情况，可以看到，二进制代码文件的大小相较于早期版本有了大幅降低。

表 12-3　二进制代码文件优化前后的数据

SDK 版本	iOS 二进制代码文件的大小	Android 二进制代码文件的大小
1.4	109.75 MB	118.75 MB
1.9	58.89 MB	69.69 MB

二、包体优化：资源文件

同样，优化资源文件大小也能有效减小包体体积，下面将介绍对资源文件的一些处理与优化方法。

1. 着色器资源的优化

在着色器编译过程中，着色器元数据主要用于辅助编译器优化着色器代码，提升着色器的性能与效率，如图 12-13 所示。同时，在着色器运行时，着色器元数据还能帮助应用程序动态创建管线布局和绑定描述符集等，进而提高应用程序的可维护性与性能。在进行 Shader Half 精度优化时，UE 处理元数据存在 bug，其他部分没有问题。具体表现为将顶点类型和着色器种类作为给定参数，输出对应不同平台的文本结果时，Metal 平台输出的变成了 IR 中间文件。

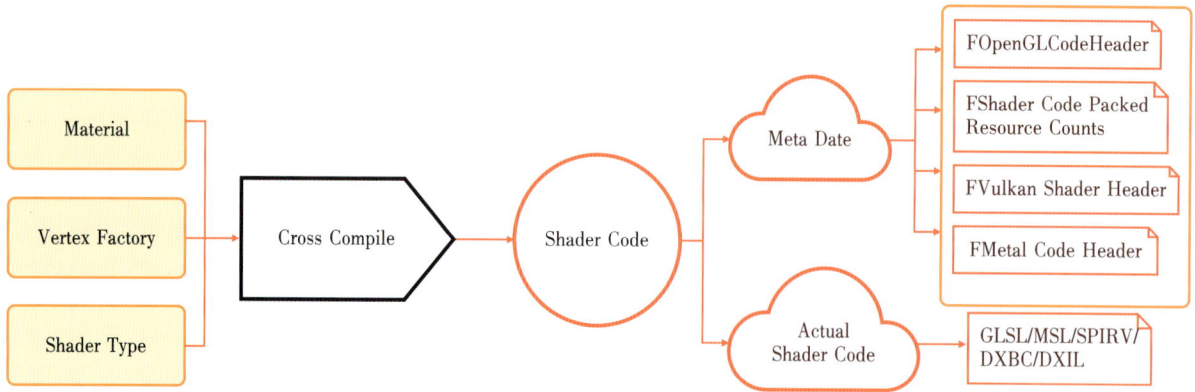

图 12-13　着色器的编译流程

首先要考虑的是控制着色器变体的数量，图 12-14 展示的是一些可能增加材质变体的属性。

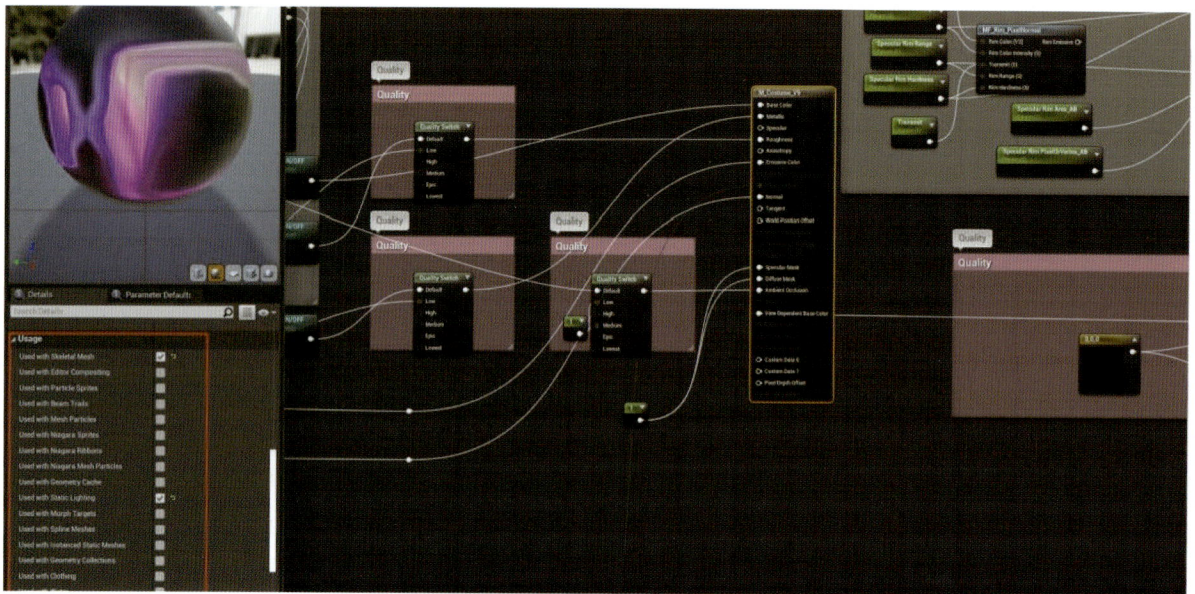

图 12-14　可能增加材质变体的属性

大家都知道 Switch 开关及其他各种开关最终产生的变体数量很大，几十万个都有可能，所以这里采用材质实例模板的概念来控制变体数量，如图 12-15 所示。材质实例不能有变体，所有的变体都来自母材质或者材质实例模板，模型只能引用材质实例。

在着色器里，分支语句是常用的控制流结构。依据分支语句的判断条件，可将分支分为动态分支和静态分支。动态分支在着色器运行时根据变量的值决定执行哪条分支语句。例如，以下代码片段展示了一个简单的动态分支语句：

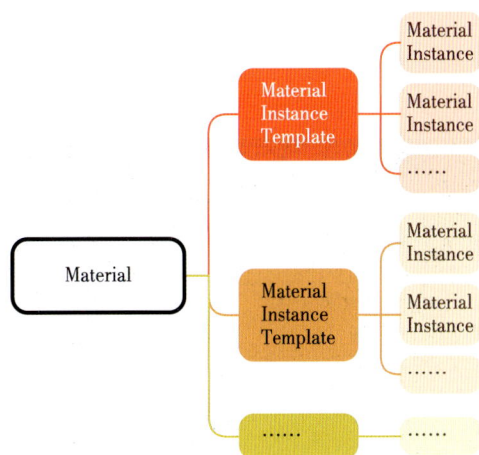

图 12-15　材质实例模板

```
if (lightType==0){
    //点光源
    //······
} else {
    //方向光源
    //······
```

在上述代码里，根据变量 lightType 的值决定执行哪条分支语句。由于变量 lightType 的值在着色器运行时确定，所以这是一个动态分支。静态分支在着色器编译时就已确定执行哪条分支语句，例如，以下代码片段展示了一个简单的静态分支语句：

```
#if USE_NORMAL_MAP
    vec3 normal = texture (NormalMap, texCoord).xyz;
#else
    vec3 normal = vec3(0, 0, 1.0);
#endif
```

在上述代码里，宏 USE_NORMAL_MAP 的值于着色器编译时确定，所以能依据 USE_NORMAL_MAP 的值在编译时决定执行哪条分支语句。由于分支语句在编译时确定，因此这是一个静态分支。

动态分支和静态分支各有优缺点。动态分支能根据变量的值决定执行哪条分支语句，更为灵活，但在运行时需进行分支判断，可能会降低着色器性能。静态分支可在编译时确定执行哪条分支语句，效率更高，但相应地会增加着色器变体。

在一定条件下，着色器可利用 Uniform 常量避免一些静态分支，小的计算可通过动态分支完成。

这里复用了其他项目实现的动态分支节点，配合 UE 的分支节点进行动态分支计算，如图 12-16 所示。

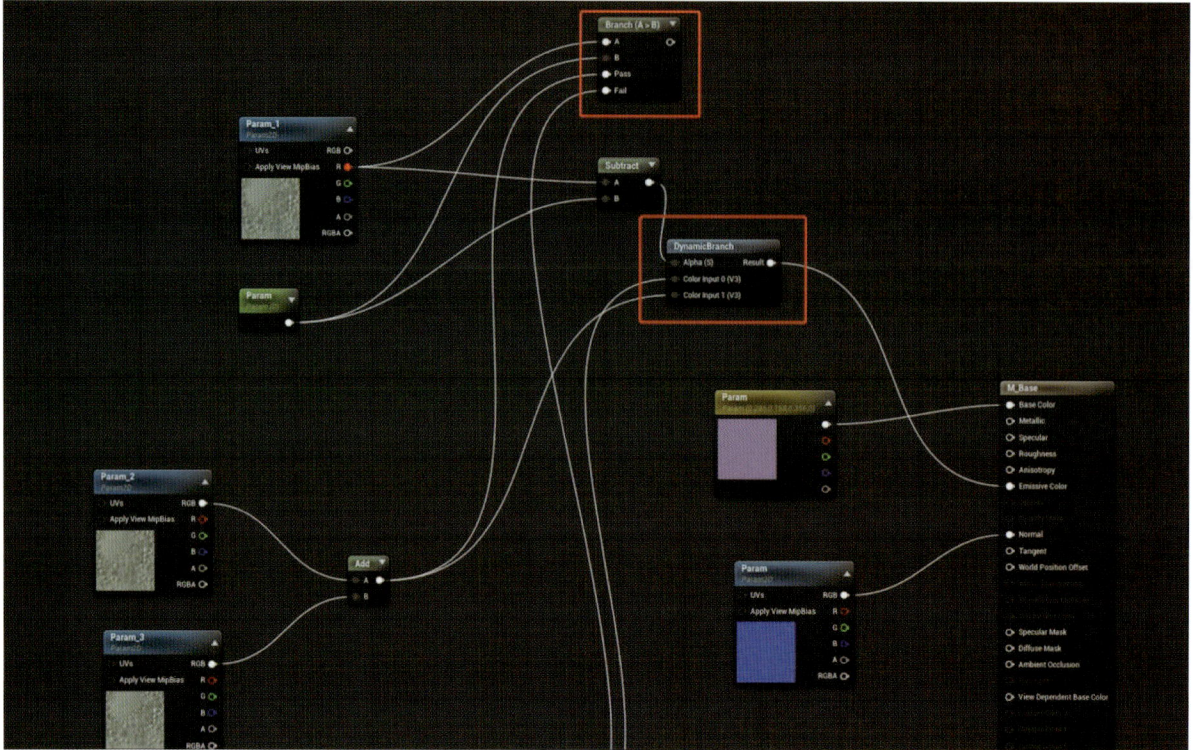

图 12-16　分支节点

UE 的分支节点中 if 语句编译后的代码如下（if 语句的计算被展开，无论是否满足 if 条件，都会执行所有计算）：

```
MaterialFloat4 Local1 =
ProcessMaterialColorTextureLookup(Texture2DSampleBias(...));
MaterialFloat4 Local2 = (Local1, r - Material.ScalarExpressions[0].x);
MaterialFloat4 Local3 =
ProcessMaterialColorTextureLookup (Texture2DSampleBias(...));
MaterialFloat4 Local4 =
ProcessMaterialColorTextureLookup (Texture2DSampleBias(...));
MaterialFloat4 Local5 =Local3.rgb+local4.rgb)
MaterialFloat4 Local6=
ProcessMaterialColorTextureLookup(Texture2DSampleBias(...));
MaterialFloat4 Local7 =
ProcessMaterialColorTextureLookup(Texture2DSampleBias(...)):
MaterialFloat3 Local8 = (Local6.rgb - Local7.rgb);
```

```
MaterialFloat3 Local9= (  (abs (Local2 - 0.00000000) > 0.00000100)? (Local2>=
0.00000000? Local5 :   Local8):   Local8);
MaterialFloat3 Loca110 = lerp(Local9,  Material.VectorExpressions[1].rgb,
MaterialFloat (Material.ScalarExpressions(0).y))
PixelMaterialInputs.EmissiveColor = Local10;
```

　　这里多次采样是相对耗资源的操作，所以考虑使用动态分支来处理这种情况。扩展的动态分支节点展开方式如下，可以看到，通过分支关键字确定if语句的逻辑执行流程，执行时只会运行if语句某个分支的代码，不会全部计算：

```
MaterialFloat4 Locall =
ProcessMaterialColorTextureLookup (Texture2DSampleBias(...));
MaterialFloat3 Local8;
[branch] if(Locall.r> Material.ScalarExpressions[0].x)
{
    MaterialFloat4 Local2 =
ProcessMaterialColorTextureLookup (Texture2DSampleBias(...));
    MaterialFloat4 Local3 =
ProcessMaterialColorTextureLookup (Texture2DSampleBias(...));
    MaterialFloat3 Local4 = (Loca12.rgb + Local3.rgb);
Loca18=Loca14;
}
else
{
    MaterialFloat4 Local5=
ProcessMaterialColorTextureLookup (Texture2DSampleBias(...));
    MaterialFloat4 Local6=
ProcessMaterialColorTextureLookup (Texture2DSampleBias(...));
    MaterialFloat3 Local7(Local5.rgb - Local6.rgb);
    Loca18= Loca17;
}
MaterialFloat3 Local9 = lerp(Loca18,  Material.VectorExpressions[1].rgb,
MaterialFloat (Material.ScalarExpressions[0].y))
```

　　同时需注意，寄存器数量是有限的。在着色器中，寄存器数量会影响其执行效率。通常情况下，寄存器是GPU中用于存储中间计算结果和变量的主要存储单元。寄存器数量限制取决于GPU硬件特性及着色器复杂度。当着色器使用的寄存器数量超过GPU硬件规定的限制时，可能会导致着色器用缓存存储寄存器数据。由于缓存访问速度比寄存器慢，会降低着色器执行效率。另外，寄存器数量增加还可能导致着色器占用更多内存带宽，进而进一步降低其执行效率。

图12-17展示的是使用Mali的一个工具对寄存器进行的分析，若出现Register Spilling（寄存器溢出）情况，会有相关说明。

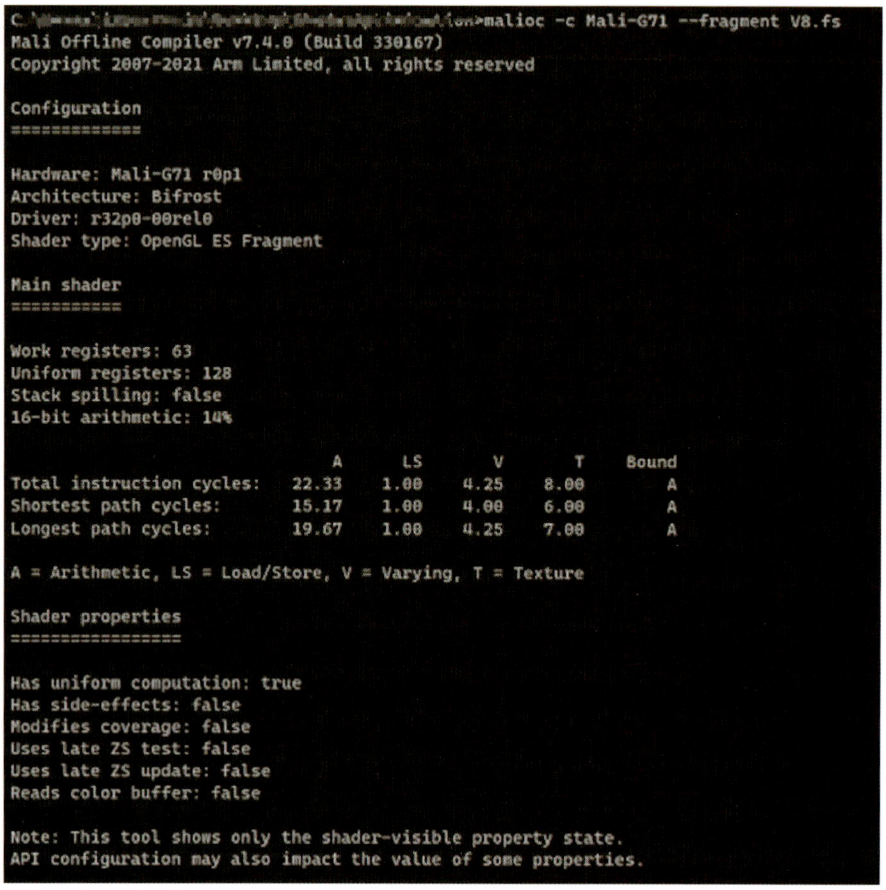

```
C:[redacted]>malioc -c Mali-G71 --fragment V8.fs
Mali Offline Compiler v7.4.0 (Build 330167)
Copyright 2007-2021 Arm Limited, all rights reserved

Configuration
=============

Hardware: Mali-G71 r0p1
Architecture: Bifrost
Driver: r32p0-00rel0
Shader type: OpenGL ES Fragment

Main shader
===========

Work registers: 63
Uniform registers: 128
Stack spilling: false
16-bit arithmetic: 14%

                              A      LS      V       T     Bound
Total instruction cycles:   22.33   1.00    4.25    8.00     A
Shortest path cycles:       15.17   1.00    4.00    6.00     A
Longest path cycles:        19.67   1.00    4.25    7.00     A

A = Arithmetic, LS = Load/Store, V = Varying, T = Texture

Shader properties
=================

Has uniform computation: true
Has side-effects: false
Modifies coverage: false
Uses late ZS test: false
Uses late ZS update: false
Reads color buffer: false

Note: This tool shows only the shader-visible property state.
API configuration may also impact the value of some properties.
```

图12-17　使用Mali的一个工具分析寄存器的数量

除了对着色器变体进行控制，还可以对着色器代码做进一步压缩。

.ushaderbytecode是UE中的一种二进制格式的着色器字节码文件，它包含了已经编译好的着色器程序，如图12-18所示。在UE中，着色器代码通常使用UE自带的材质编辑器或程序代码编写。当需要将着色器代码打包到游戏或应用程序中时，UE会将其编译成二进制格式的.ushaderbytecode文件，并与其他资源一起打包到pak文件中。

.metallic文件是苹果公司开发的Metal图形编程框架中使用的一种着色器代码格式。.metallic文件通过MetalKit框架的MTKMaterialLoader类进行加载和解析，它只支持流式加载，不支持文件被压缩的情况。

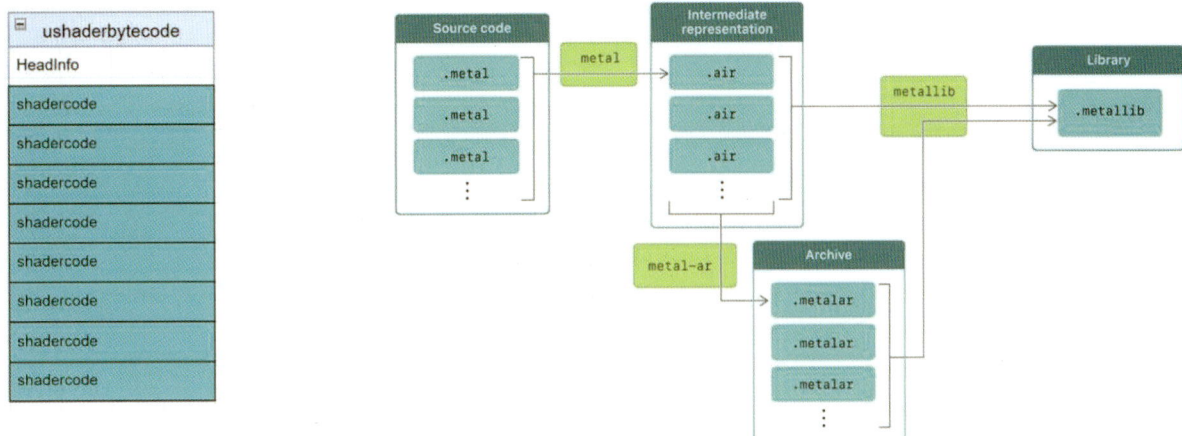

图 12-18　着色器代码的结构

由于着色器中包含大量重复性字节段，所以使用Zstd加训练好的字典来替代 .ushaderbytecode 文件中默认的LZ4压缩算法。表12-4展示了不同字典大小下Zstd算法的压缩率。

表 12-4　不同字典大小下 Zstd 算法的压缩率

字典大小：1 MB	字典大小：500 KB	字典大小：113 KB
14.27%（81.2 MB＞11.6 MB）	15.75%（81.2 MB＞12.8 MB）	18.34%（81.2 MB＞14.9 MB）

虽然实际上 Zstd 加字典的方式会减小着色器代码文本大小，但解压单个着色器代码文本的速度不如 LZ4 算法快。解压操作在 Render Thread 中进行，增加了 Render Thread 的耗时。把着色器代码从 Pak 中拷贝出来的操作在 Game Thread 中执行，由于压缩后着色器代码文本大小减小，实际从 Pak 中拷贝时申请的内存变小，申请内存的开销降低，还减少了 Game Thread 的耗时。综合分析，实际效率并未降低，最终采用了这种方式。

对于 .metallic 文件，也可采用同样方法对相关文件进行 Zstd 加字典方式的压缩，但在实践中简化了这一方式，直接对整个 .metallic 文件使用 Zstd 压缩，在引擎初始化前解压到本地使用，虽然实际增加了 App 本身的占用空间，但 App 的安装包体减小了。

2. 贴图资源的优化

贴图资源一直是游戏中占用磁盘空间较多的一类资产，我们针对性地对这方面内容进行了优化。

（1）ASTC HDR/RGBM：对于支持 HDR 的机型，使用这种支持 HDR 的贴图压缩格式；不支持的，则回退到 RGBM 编码模式。

（2）Cube Reflection Clean：在 UE 中，使用 CubeMap 在 Pak 包中会产生冗余，需清理这部分内容。

（3）Enable Compression for arbitrarily sized texture：UE 对某些尺寸的贴图不支持压缩，我们在此处做了一些优化。

（4）ETCIS/UASTC：基于ASTC和ETC的算法思路进行了转码修改，压缩率能提高一半以上。

3. Pak的压缩格式

Pak的默认压缩算法选用了Oodle，对Pak中的大部分资源采用Oodle压缩，其压缩比较高。表12-5展示了使用不同压缩算法后资源的最终大小。

表12-5 不同压缩算法的结果对比

压缩算法	大小
Zlib	97.281 MB
Oodle	91.897 MB

4. 优化数据结果

表12-6展示了iOS平台与Android平台上资源最终优化后的大小对比。可以看到，资源大小相较于早期版本有了大幅降低。

表12-6 资源文件优化前后的数据

SDK版本	iOS中CookData的大小	Android中CookData的大小
1.4	205.97 MB	123.58 MB
1.9	84.15 MB	75.2 MB

三、内存优化

整体上对内存占用的目标是尽可能减少内存占用，这不仅是UE运行时的内存考量，当UE退出、被销毁或在后台运行时，也需尽量减少系统资源使用，以降低系统负担。这里的挑战在于实际内存预算有限，尤其是App中集成的SDK。

1. 内存分配体系

UE的整个内存分配体系如图12-19所示。通过Operator New和Operator Delete能够执行大部分基本的内存分配操作，整个UObject体系采用自己的一套内存分配方法。这些内存分配方法最终实际使用的都是底层的某种内存分配器。移动端可用的分配器只有几种，并非所有内存分配器都受支持，而PC平台则没有此类限制。

2. 内存碎片化

内存碎片化指内存中存在一些不连续的小块空闲内存。操作系统底层以页为单位进行操作，页通常指固定大小的内存块。一页中有多个槽，只要有一个槽被占用，这一页就不能被释放，如图12-20所示。

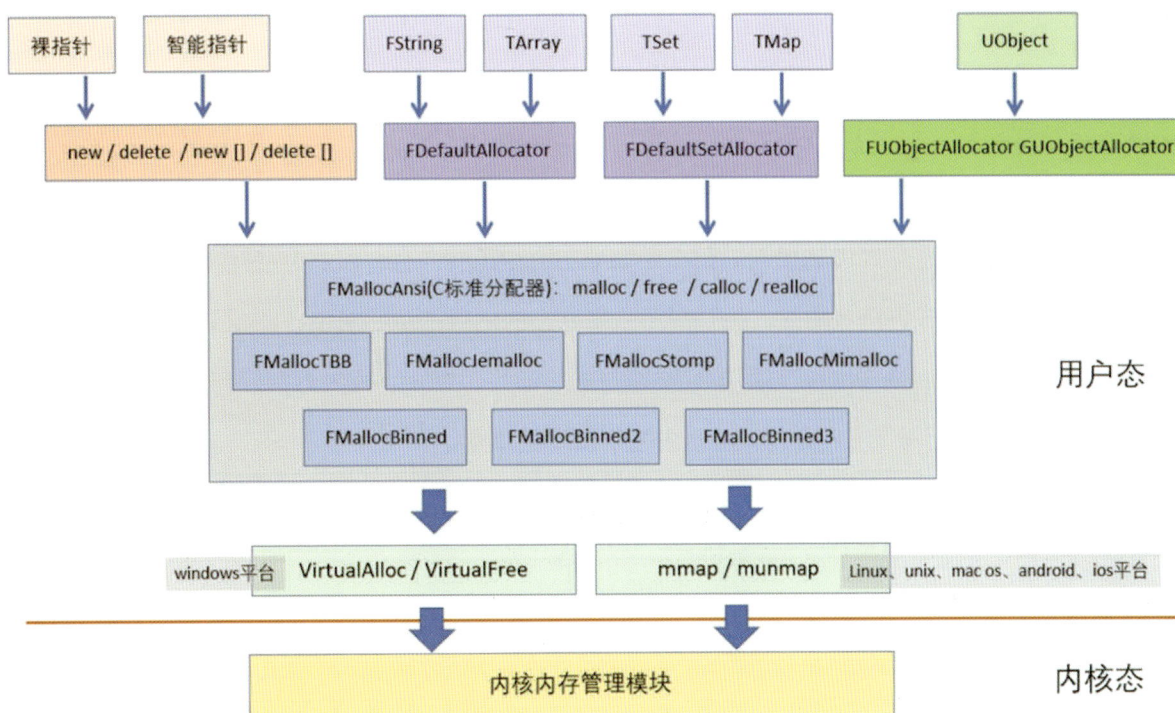

图 12-19　内存分配体系简介

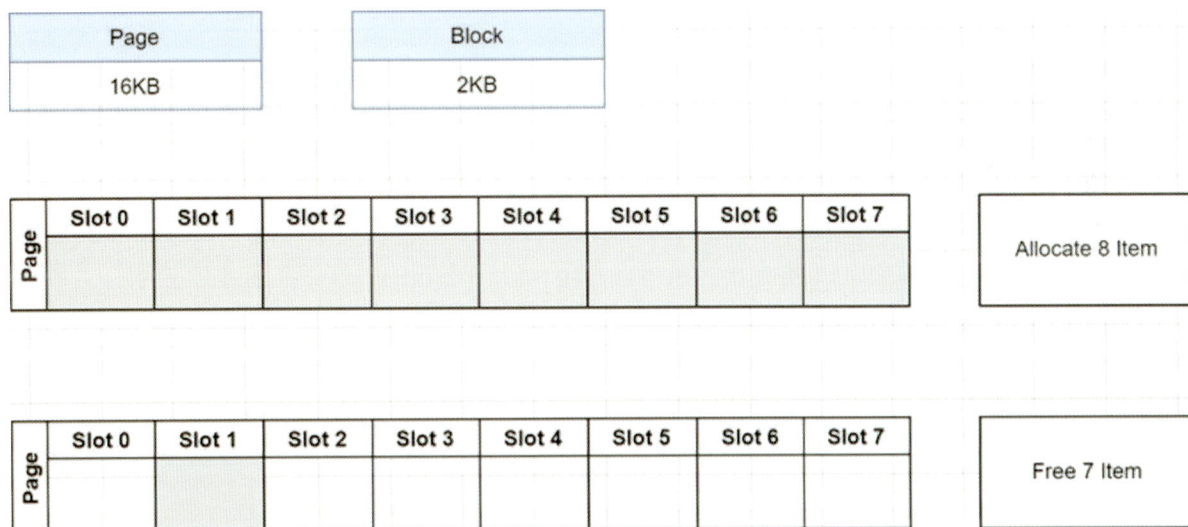

图 12-20　内存碎片化图示

Binned和Binned2是UE的两种内存分配器。

Binned分配器是一种基于固定大小内存块的分配器，它将内存块分成不同大小类别，并存储在不同的"桶"中。当需要分配内存时，Binned分配器会从合适的桶中选取一个内存块，返回给调用者。

Binned2分配器是Binned分配器的改进版，它采用更高效的算法管理内存分配。与Binned分配器不同，Binned2分配器能动态调整内存块大小，且可在多个线程间共享内存池。Binned2分配器的多线程设计使其速度优于Binned分配器。

这里想测试的点是，哪种分配器在实际业务场景下内存使用率更高，将从UE运行时的状态和UE退出之后的状态这两个方面进行比较。

表12-7和表12-8展示了不同状态下的内存分配结果。在UE运行时，两种分配器的内存使用效率都很高，基本没有低于90%的情况。但在引擎退出时，不同内存分配器的使用率均有所降低，对比后发现，Binned方式更符合需求，因为希望引擎退出时内存占用尽量少，所以最初选择了第一代Binned分配器。上线测试Binned分配器时发现问题并进行了修复，最终选择了修改后的Binned算法。由于Binned2分配器是多线程的，所以表格中有两组数据。

表12-7　UE退出状态下的内存分配结果

	Binned	Binned2
Allocation	65.93 MB	$(35.57+31.65)\text{MB}=67.22\text{MB}$
OS Allocation	84.05 MB	$(68.56+31.65)\text{MB}=100.21\text{MB}$
Ratio	78.44%	67.08%

表12-8　UE运行时状态下的内存分配结果

	Binned	Binned2
Allocation	167.03 MB	$(88.48+81.65)\text{MB}=170.13\text{MB}$
OS Allocation	173.4 MB	$(100.62+81.65)\text{MB}=182.27\text{MB}$
Ratio	96.32%	93.33%

从上述表格中可以看到，UE在退出时依然会占用80 MB左右的内存，实际内存占用约60 MB。由于方案采用的引擎退出策略中，大量反射数据未被析构，UStruct、UClass以及一些Plugin模块的内容仍存在，所以这部分内存开销相对合理。

3. 有限的地址空间

一般情况下，实际程序中使用的地址空间会远大于实际物理内存的使用量，如图12-21所示。比如，将一个约50 MB的二进制代码文件加载进来，它会占用地址空间。Code段中这个二进制代码文件里的很多代码并未被执行，所以物理内存中实际并未分配50 MB这么多。

那为什么要讲地址空间的事呢？原因是，在测试（iOS环境）中遇到了虚拟地址空间不足的问题。实际情况是，在分配一张渲染目标时，因内存不足创建失败，导致程序崩溃。此时查看发现，实际物理内存占用仅700 MB，而测试设备均为3 GB内存的机器。

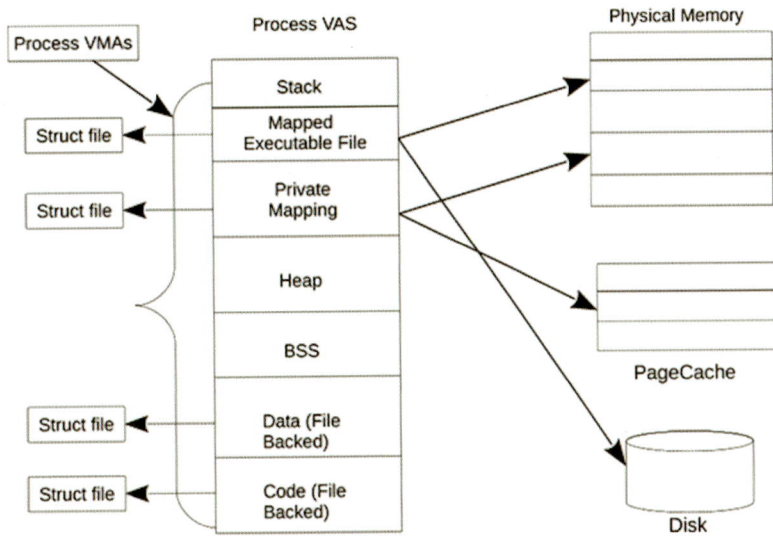

图 12-21　地址空间与物理地址空间

```
// Crash 堆栈
FIOSPlatformMisc:: MetalAssert    ()(IOSPlatformMisc.cpp: 1663)
FMetalSurface:: FMetalSurface(...)(MetalTexture.cpp: 966)
FMetalDynamicRHI:: RHICreateTexture2D(...)(RefCounting, h: 147)
FMetalDynamicRHI:: RHICreateTexture2D_RenderThread(...)
(MetalTexture.cpp: 2359)
```

　　对于 iOS 设备而言，通常物理内存使用达到设备内存一半即为上限，对于 3 GB 内存的机器来说就是 1.5 GB，但实际物理内存使用量仅 700 MB，远未达到上限。那么首先想到的原因是上文提到的内存碎片化问题，是否因碎片化过于严重导致内存分配失败呢？并非如此，在一些测试场景下，UE 运行一会儿程序就崩溃了，所以推测不太可能是内存碎片问题导致的。于是又在 iOS 设备上进行了更多测试，发现即便没有 UE，也会出现同样的问题。

　　翻阅 iOS 内核代码（xnu）：

```
vm _map_offset_t
pmap_max_64bit _offset(
    _unused unsigned int option)
{
    vm_map_offset_t max_offset_ret =0;
#if defined(__arm64__)
    if (arm64_pmap_max_offset_default){
        max_offset_ret = arm64_pmap_max_offset_default;
    } else if (max_mem > 0xC0000000){
```

```
    max_offset_ret = min_max_offset + 0x138000000; // Max offset is
13.375 GB for devices with > 3GB of memory
    } else if (max_mem > 0x40000000){
    max_offset_ret = min_max_offset + 0x38000000; // Max offset is
9.375 GB for devices with> 1GB and <= 3GB of memory
    } else {
    Max_offset_ret=min_max_offset;
    }
#endif
    return max_offset_ret;
}
```

从代码中可以看到，这里实际上存在限制。iOS进程需占用4 GB的PAGE_ZERO和4 GB的
Shared Region，导致实际可用地址空间需减去8 GB，如表12-9所示。

表12-9 地址空间大小

内存	>3 GB	>1 GB	≤1 GB
虚拟地址空间大小	(15.375－8) GB＝7.375 GB	(11.375－8) GB＝3.375 GB	(10.5－8) GB＝2.5 GB

但上文也分析过，UE的内存分配器效率非常高。若3.375 GB已被占满，实际物理内存占用率
也会很高，但实际情况并非如此。于是又进行了一些测试，发现QQ启动时，虚拟地址空间已占用3
GB多，留给UE的仅700多MB，这较好地解释了为何UE刚启动且进入游戏时极易发生崩溃，这并
非UE本身的问题。

在iOS14以上的版本中可以通过下面这个属性增加虚拟地址空间的使用上限：

```
com.apple.developer.kernel.extended-virtual-addressing
```

在iOS15以上的版本中可以通过下面这个属性增加物理内存的使用上限：
```
com.apple.developer.kernel.increased-memory-limit
```

4. 在Android中分离二进制代码文件

通过分析Linkmap可知，游戏侧业务代码消耗了相当一部分内存，无论是Code段还是Data段。
因此想到修改UBT，分离主体和游戏侧业务逻辑代码。例如在QQ秀业务中，无须任何游戏业务代
码内容，这部分代码无须加载。如图12-22所示，流程上先在UBT中分析UE主体代码并编译成SO，

再将游戏侧业务代码编译成一个SO。为避免符号表导出冗余，先收集游戏侧业务代码需导入的符号表内容（输出Version Script），然后重新进行链接操作，这样主体SO导出的符号表仅包含游戏侧业务代码所用内容，确保最终导出的两个SO相比最初的SO不会增加过多冗余。

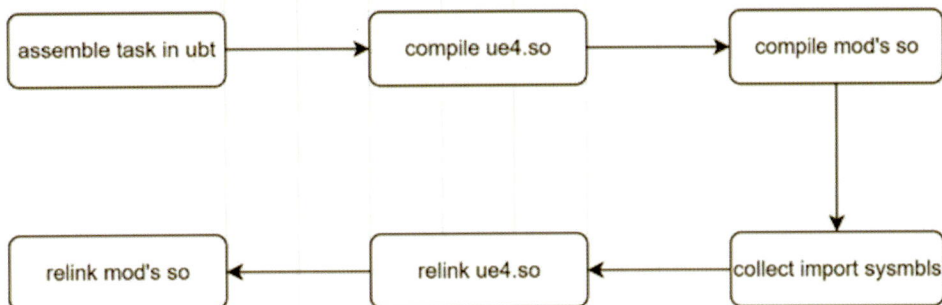

图12-22　分离SO流程

在Android端进行了这部分处理，好处是能根据需求动态加载/卸载这部分库文件，提升了灵活性（见图12-23）。

名称	大小	压缩后大小	类型
..			文件夹
libUE4.so	56,305,152	21,250,106	SO 文件
libUE4Bundle-Splittables.so	14,166,808	4,426,928	SO 文件

图12-23　分离SO的结果

第四节　应用功能的展示

在QQ里，目前针对UE在超级QQ秀功能上进行了一些尝试。

一、QQ秀

角色渲染相关部分采用UE的渲染效果，最终叠加在Native UI之上，图12-24展示了QQ秀的截图。

二、游戏

以QQ秀为跳板可进入游戏，游戏角色采用QQ秀的角色数据，图12-25、图12-26展示了部分游戏场景截图。

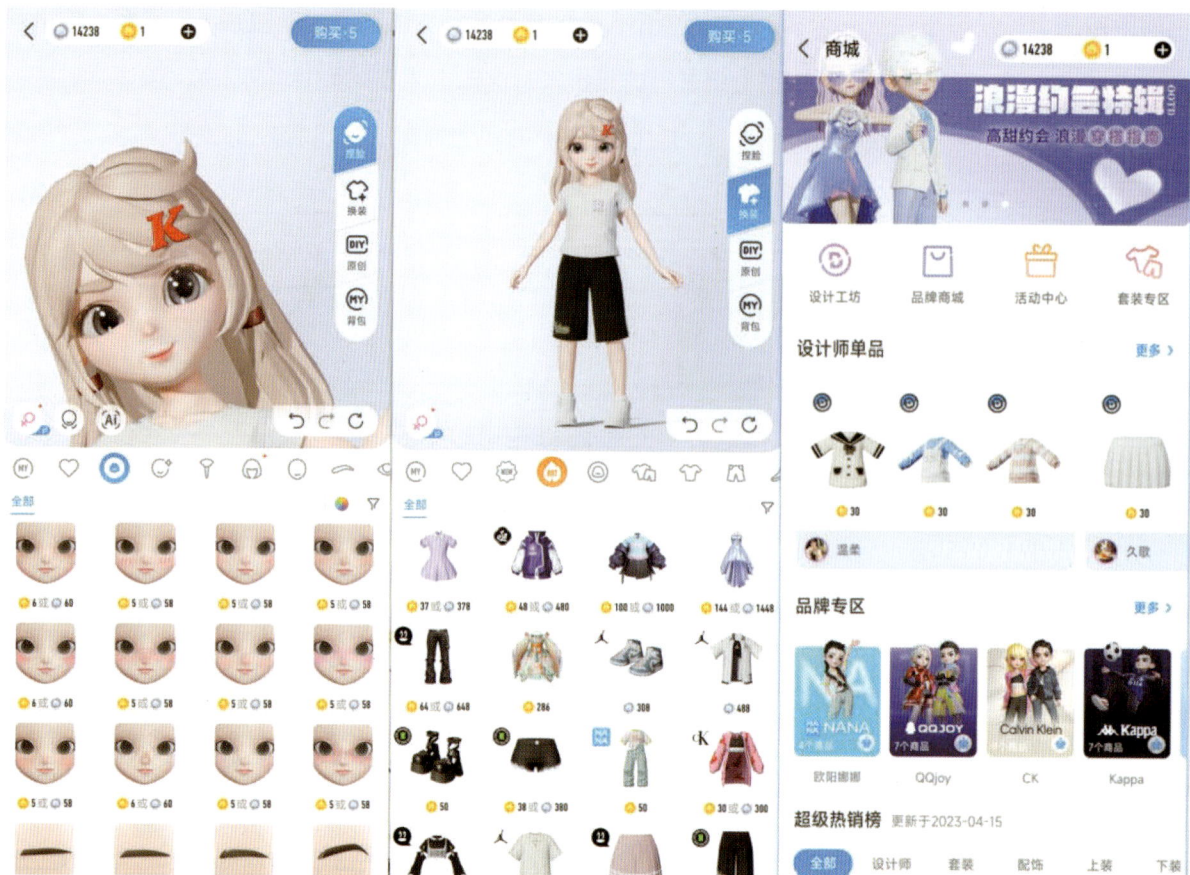

图 12-24　QQ秀展示

图 12-25　游戏展示 1

图 12-26　游戏展示 2

三、聊天表情录制

可在 QQ 聊天窗口唤起 UE 离屏渲染功能，用用户角色数据录制模板动作表情，录制完成后将结果返回 QQ 侧，图 12-27 展示的是聊天窗口截图。

图 12-27　聊天表情录制

本章介绍了如何将UE集成到App中并为此所做的优化。这种方式能让App具备更好的实时交互性，提供一种更新颖的思路，将游戏引擎的能力赋予App，使产品更具创造性，从而丰富产品功能。

课后练习

一 单选题

在移动端App中集成UE（Unreal Engine）时，为了将UE作为SDK使用，需要满足哪些基本要求？

A. 易于集成、兼容性好、功能丰富

B. 仅需易于集成和兼容性好

C. 仅需功能丰富和性能优越

D. 兼容性好、稳定可靠，但无须考虑功能丰富性

二 简答题

简述在iOS平台上集成UE时，如何解决UE启动过程中可能导致的FPS抖动问题。

三 分析题

分析UE在集成到移动端App中时，为何需要进行引擎生命周期的改造和优化，并列举至少两种改造和优化的方式。

参考文献
References

[1] [美]Jesse Schell.游戏设计艺术（纪念版）[M].北京：电子工业出版社，2024.

[2] [美]Tynan Sylvester.体验引擎：游戏设计全景探秘[M].北京：电子工业出版社，2015.

[3] [美]Wendy Despain.游戏设计的100个原理[M].北京：人民邮电出版社，2019.

[4] [美]Jeremy Gibson Bond.游戏设计、原型与开发：基于Unity与C#从构思到实现[M].北京：电子工业出版社，2020.

[5] [美]Tracy Fullerton.游戏设计梦工厂[M].4版.北京：电子工业出版社，2022.

[6] [美]Richard Lemarchand.妙趣横生的游戏制作之旅[M].北京：电子工业出版社，2022.

[7] [美]Steve Swink.游戏感：游戏操控感和体验设计指南[M].北京：电子工业出版社，2020.

[8] [美]Katherine Isbister.游戏情感设计：如何触动玩家的心灵[M].北京：电子工业出版社，2017.

[9] [美]Scott Rogers.通关！游戏设计之道[M].北京：人民邮电出版社，2016.

[10] [美]Jason Gregory.游戏引擎架构[M].2版.北京：电子工业出版社，2018.

[11] [日]大野功二.游戏设计的236个技巧[M].北京：人民邮电出版社，2015.

[12] 姚晓光，田少煦，梁冰，陈泽伟，尹宁.游戏设计概论[M].北京：清华大学出版社，2018.

[13] 伍建平，谌宝业.游戏架构设计与策划基础[M].2版.北京：清华大学出版社，2018.

[14] 黄石.数字游戏设计[M].北京：清华大学出版社，2018.

[15] 胡昭民，吴灿铭.游戏设计概论[M].6版.北京：清华大学出版社，2021.

[16] 王亚晖.游戏为什么好玩[M].北京：人民邮电出版社，2023.